DICTIONNAIRE DES RACINES SÉMITIQUES

David COHEN

avec la collaboration de

François BRON et Antoine LONNET

DICTIONNAIRE DES RACINES SÉMITIQUES

ou attestées dans les langues sémitiques

COMPRENANT UN FICHIER COMPARATIF DE

JEAN CANTINEAU

FASCICULE 5:
H - HŦŦ

PEETERS

Cet ouvrage a été publié avec le concours du
Centre National de la Recherche Scientifique

ISBN 90-6831-656-7 (Peeters Leuven)
ISBN 2-87723-173-9 (Peeters France)
D/1995/0602/3

Printed in Belgium

Note au lecteur.

Pour des raisons d'ordre technique, la publication d'une liste générale des abréviations, entièrement mise à jour pour remplacer toutes les listes précédentes, a dû être retardée. Elle sera jointe au prochain fascicule.

H

/h/, **1.** L'ordre laryngal du système phonologique du sémitique connaissait, outre l'occlusive, notée ici ʾ, une fricative *h* qu'on peut poser comme non voisée, malgré quelques réalisations voisées dans certains dialectes arabes modernes (V. M. COHEN JUIFS D'ALGER, PARIS 1912, 32, J. CANTINEAU ELA 75). Cette fricative est, du point de vue articulatoire, produite par la simple expiration du souffle à travers la glotte légèrement ouverte (sauf pour la variante voisée qui met en jeu des vibrations des cordes vocales). Ce son fricatif n'a pas, dans toutes les langues, une valeur linguistiquement pertinente, mais il est partout utilisé pour des exclamations, des interjections. C'est le cas aussi dans les langues, comme celles qui appartiennent à la famille sémitique ou chamito-sémitique, où ce son occupe une place de plein statut dans le système phonologique. On le trouvera ici fréquemment à la base de diverses séries de formes, souvent monosyllabiques, à valeur expressive, particules interjectives, déictiques, et d'onomatopées exprimant des bruits et des cris d'animaux. De ce fait elles présentent parfois des structures non réductibles aux schèmes communs. C'est pourquoi certaines d'entre elles ont été regroupées sous une séquence constituée par la consonne *H* suivie de voyelles et de consonnes diverses, parfois alternant pour les mêmes valeurs. **-2.** Les correspondances entre les aboutissants de cette fricative /h/, dans les diverses langues sémitiques, peuvent être obscurcies par des faits relevant pour l'essentiel de deux phénomènes : **A.** /*h/ étymologique ne s'est pas maintenu partout en tant que tel. 1. En akkadien, il n'est plus représenté que par ʾ, sauf peut-être dans certains états archaïques où des notations particulières laissent soupçonner qu'il pouvait encore être articulé (V. SODEN GAG 24). - 2. En phénicien, l'évolution de /h/ vers ʾ se constate dans les états les plus récents de la variété punique (V. FRIEDRICH GRAM. 14). - 3. En araméen, seuls les états anciens ont conservé dans l'ensemble la représentation de la laryngale fricative. Dans des dialectes plus récents, le passage de /h/ à ʾ ou sa disparition en tant que consonne sont fréquents. - 5. En arabe, le phonème est maintenu en classique et dans l'ensemble des usages actuels, sauf dans quelques parlers de position relativement marginale, dont par exemple le parler des Juifs de Tunis (V. TUNIS 34). - 6. En éthiopien ancien, on peut supposer une conservation du phonème, malgré certaines irrégularités dans la notation de la consonne, dans les documents que nous possédons. Mais ces documents sont articulés par des locuteurs de langues modernes, surtout de l'amharique. Or, parmi les langues modernes, celles du Nord ont aussi maintenu le phonème, bien que les échanges avec d'autres consonnes d'arrière y soient fréquents. Mais en éthiopien du Sud (et donc en amharique), l'évolution a abouti à sa disparition en tant que phonème distinct, soit par réduction à Ø, soit, dans certains cas, par confusion avec d'autres consonnes d'arrière - malgré quelques survivances exceptionnelles dues à des circonstances particulières (V. M. COHEN TRAITÉ 37, NEEM 39). - **B.** Le phonème /h/ qui appartient aux systèmes de certaines langues peut représenter d'autres phonèmes étymologiques. C'est le cas surtout en sudarabique et en éthiopien modernes. Ainsi, dans des conditions spéciales dans chaque cas et qu'il n'est pas possible de préciser ici pour chaque langue : *h* < *k* (éthiopien méridional), < *š* (mehri), (> *ḥ* dans quelques rares mots), < ʾ initial (mehri); en outre *š* > h^y en soqotri, écrit *hy* ou *yh* de façon flottante par D.H. Müller et Johnstone. Il faut noter enfin que *h* fournit parfois un élément, étymologiquement parasite, de comblement de hiatus ou de fracture de voyelles longues; il en est ainsi fréquemment en soqotri, mais aussi dans divers dialectes arabes et vraisemblablement ailleurs. En araméen samaritain, il apparaît (comme ʾ ou ε) pour disjoindre un groupe consonantique initial : *hškm* < *škm* "Sichem" (V. VILSKER 39). **¶¶. 1.** La nature particulière de ce phonème fait que des rencontres fortuites peuvent se produire entre des créations autonomes dans les différentes langues - surtout pour ce qui concerne les exclamations et les formes à bases onomatopéiques ou plus généralement iconiques. Les citations faites ici de formes égyptiennes, berbères ou couchitiques constituent plutôt des appels à l'attention que de véritables rapprochements. **-2.** L'analyse comparative permet de poser l'existence d'un phonème /*h/ pour l'ensemble du chamito-sémitique. Il est cependant encore plus difficile d'établir les règles de correspondance entre les différentes branches de la famille qu'à l'intérieur de la branche sémitique. Cette difficulté tient en particulier à la disparition quasi totale du phonème ancien dans sa réalisation phonétique propre dans la plupart des langues couchitiques et, selon divers auteurs, dans l'ensemble du berbère, à l'exception du touareg. 1. En berbère du Nord, là où se présente un phonème *h*, s'il n'appartient pas à un mot emprunté ou à une forme de nature exclamative ou onomatopéique, on tend à le considérer comme l'aboutissant évolué d'un autre phonème. A. Basset (LANGUE BER-

BÈRE 5) ne pose aucune laryngale dans le tableau du "système fondamental" (formule par laquelle il désigne en fait l'ensemble des phonèmes communs au berbère septentrional). Il indique seulement que la tendance à l'ouverture des consonnes dentales *t*, *d*, *ḍ* aboutit souvent à leur spirantisation, et parfois, "ainsi dans la région du Chélif ou en pays Chaouia, au simple souffle *h*". Le dialecte gourara connaît pour sa part des *h* provenant de *r* (IBID. 7) et le touareg des *h* issus de *z* (PRASSE TOUAREG 45), peut-être parfois de labiales (F. BEGUINOT, ANL(R) 33 (1924) 186). Mais en touareg précisément, la fréquence de *h*, sans commune mesure avec celle que connaît ce phonème dans le reste du berbère, ne peut apparemment pas s'expliquer ainsi. De plus, trop d'occurrences de *h* dans l'ensemble des dialectes restent inexpliquées par les hypothèses courantes, pour qu'on puisse affirmer avec certitude que la disparition du **h* "originel" y ait été totale partout. Il semble qu'alors le phonème représente des aboutissants de diverses consonnes d'arrière du chamito-sémitique. Signalons que dans certains cas à *h* touareg correspond à Ghadamès une bilabiale fricative sonore, notée ici *ƀ* (V. les analyses dans K. PRASSE H, *passim* et TOUAREG I/67). - 2. Pour le couchitique, un phonème /h/ est peut-être assignable à un ancien /*h/ en bédja, en somali, en bayso, en oromo et quelques autres langues. Mais il provient de l'évolution de certaines labiales en kafa, de *t* ou de *ε* en iraq^{w}. D'autres langues ne semblent pas connaître de laryngale fricative (V. en particulier DOLGOPOL'SKIJ, *passim*). - 3. En égyptien ancien, /h/ est maintenu, mais en copte, la lettre *hōri* qui est lue *h* correspond aussi aux anciens *ḥ*, *ḫ* et *ẖ*. (V. p. e. VYCICHL DELC 283).

H, *h* + voyelle, surtout sous la forme de base **hā(ʾ)*, simple ou élargie par divers éléments phoniques : terme exclamatif qui peut avoir divers emplois, sous forme d'interjections, pour appeler, avertir, se manifester, manifester une réaction, attirer l'attention ou même simplement pour commencer un discours; il a aussi une valeur monstrative et se trouve à la base de formes simples ou complexes de déictiques et démonstratifs et de pronoms de divers genres. Dans l'ensemble, cette entrée ne vise pas à une exhaustivité impossible dans ce cadre-ci, il ne s'agit que d'une sorte d'échantillonnage, dans leur diversité, des formes qui pourraient être rattachées à cette base. **1.** Forme simple. - Présentatifs, monstratifs, appellatifs, etc. : CAN. h. *hēʾ*, ya. *hʾ* "eh bien !", ARAM. jp. *hā*, *hāʾ* "vois !", syr. *hā* "voici !, ici !", ṭur. *he* "oui ! (réponse à un appel)", *heya* "oui", AR. *hā(ʾ)* cl., dial. *hā* "voici, voilà, prends !, tiens !", orient. : interjection d'avertissement : attention ! prenez garde à ce que vous dites !, boukh. "bien !, d'accord !", SAR. ḥars. *hā*, soq. *ha* "voici, tiens !", *há-bəh* "apporte-le !" (?, peut-être à interpréter comme impératif *háb-h* < WHB v. s.), jib. *hä* "ho !". - AR. *-āh* (enclitique placé à la suite d'un nom) : particule d'appel ou d'invocation : *wā zaydāh* "ô Zayd !", *wā ḥasratāh* "ô malheur !". **-2.** Forme complexe. **-a.** élargie par des éléments phoniques de prolongation : AR. *hāʾa*, *hāʾi* "me voici ! présent !". **-b.** composée avec des pronoms personnels : ARAM. jp. *haʾᵃnā*, AR. *hā-ʾanā-đā* "me voici", hisp. *hāhuwa* "le voici"; magh. *hāhu*, *hāū*, *haw*, *aw(w)* (aussi *hāhuwwa*, *hawwa*), orient. *hāh* "le voici, voici que"; magh. présentatif conjugué avec des pronoms suffixes : sing. 1. *hāni*, 2. *hāk*, 3. m. *hāh*, *hāhu*, *hāū*, *haw*, *aw(w)*; plur. 1. *hānā*, 2. *hākum*, 3. *hāhum*, *hāum*, *hawm*; (aussi en tun. : *hawwänī*, *hawwānā*, etc.); en pal., construction analogue : *hey*, *heyyū* + pronoms suffixes "me voici, te voici, etc."; mas. *hāka*, fém. *hāki*, plur. *hakum* "voici pour toi, pour vous, prends, prenez !". **-c.** AR. *hāti*, dial. *hāt*, SAR. ḥars. mh. *hāt*, *hat*, *hatt* "donne, apporte !". **-d.** démonstratifs (constitués par la forme simple *hā* ou, le plus souvent, composés avec un ou plusieurs autres éléments déictiques) : OUG. *hnd*, CAN. pun. sing. m. *hʾz*, *ʾhz*, *hyz* (proches), ph. sing. *hʾ*, pl. *hmt*, ARAM. talm. bab. m. *hādēn*, *hāy*, f. *hādī*, *hā*, pl. *hāllēn*, *hānē* (proches), m. *hāyk*, f. *hāk*, pl. *hānēk* (lointains), syr. m. *hāā*, f. *hādāy*, *hādē*, m. *hānā*, pl. *hāllēn* (proche), pl. m. *hāllōk*, f. *hāllēk*, *hānōk* (lointains), mand. cl. m. *hahu*, f. *hahi*, *hahia*, pl. *hanin*, *hania*, *hannī*, *hā*, *hazin*, f. *haza*, *hada*, pl. *halin*, sing. *hay*, pl. *hani* (proches), *hāk*, *hannek* (lointains), mod. *ā*, *hā*, *ahā*, pl. *ahnī*, *hannī* (proches), *(h)ak*, pl. m. *hannok*, f. *hannek*, m. f. *ahnī* (lointains), naram. m. *hanna*, f. *hōđi*, pl. m. *hannun*, f. *hannēn*, com. *hann* (proches), m. *hōte*, f. *hōta*, pl. m. *hatinnun*, f. *hatinnen*, com. *hatinn*, nsyr. m. *avva*, *o*, f. *əyyə*, *ə*, com. *əhə*, pl. com. *ən*; ṭur. m. *hano*, f. *hate*, pl. com. *hani* (proches), m. *hawo*, f. *hayo*, pl. *hanek* (lointains), AR. *hā*, m. *hāđā*, f. *hāđī*, *hāđīh(i/ī)*, du. m. *hāđāni*, f. *hātāni*, pl. com. *hāʾulāʾi* (proches), *hāđāka* (lointain), SAR. sab. m. *hʾ*, *hwʾ*, *hwt*, f. *hʾ*, *hyʾ*, *hyt*, pl. m. *hmw*, *hmt*, f. *hn*, *hnt*; ḥars. *hā-đen* (proche), *hā-đenemeh* (renforcé). **-3.** CAN. ph. pun. mo. h. épigr. *h*, bibl. nh. *hā* : article défini. **-4.** Pron. de 3ème pers. **I.** Autonome. A. Sing. **-a.** mas. **hū* : OUG. *hw*, (cas oblique *hwt*), CAN. ph. *hʾ*, *hʾt*, pun. *hʾ*, ?**hy*, mo. *hʾ*, h. *huʾ*, **huʾā*, ARAM. ya. anc. *hʾ*, ? *hw*, nab. ḥaṭ. *hw*, bibl. *hūʾ*, jp. *hwʾ*, sam. *hwʾ*, *hw*, syr. *hū*, nsyr. *aw*, *ō*, naram. *hū*, ṭur. *hiye*, mand. cl. *hu*, mod. *haḫ*, AR. *huwa*, *hūʾa*, dial. *hūwa*, yém. *hū*, iraq.

huwwa, pal. *hūtu*, syr. *hūwe*, *hū*, ég. *huwwa*, soud. *hūwa*, *hū*, magh. *huwwa*, hisp. *hu*, *hŭe*, *hŭet*, SAR. sab. *h*ʾ, *hw*ʾ, (cas oblique : *hwt*), ? ETH. g. *wəʾətu*, te. *hətu*, gaf. *wət*, gour. *xut*, *xuta*, *ut*. **-b.** fém. **hī* : OUG. *hy* (cas oblique *hyt*), CAN; ph. *h*ʾ, pun. *hy*, mo. ARAM. anc. *h*ʾ, *hī*ʾ, nab. palm. ḥaṭ. *hy*, syr. *hī*, nsyr. *ā̈*, *ē*, naram. *hī*, ṭur. *hiya*, mand. cl. *h*ʿ [*hī*], mod. *haḫ*, AR. *hiya*, dial. *hīya*, *hiyya*, yém. *hī*, pal. *hīte*, syr. *hīye*, *hī*, iraq. ég. *hiyya*, soud. *hīya*, *hī*, hisp. *hĭa*, magh. *hiyya*, SAR. sab. *h*ʾ, *hy*ʾ, (cas oblique *hyt*); ETH. g. *yəʾəti*, te. *həta*, gaf. *x'it*, *x'ita*, *it*. - B. du. AR. *humā*, SAR. sab. *hmy*, (cas oblique *hmyt*). C. Plur. **-a.** mas. OUG. *hm*, (cas oblique *hmt*), CAN. h. *hēm*, *hēmmā*, ARAM. anc. Emp. *hm*, *hmw*, nab. *hm*, palm. *hnn*, *hnwn*, bibl. *himmōn*, *himmō*, ʾ*innun*, sam. ʾ*nwn*, syr. ʾ*ennōn*, nsyr. *ənī*, naram. *hinn*, *hinnun*, ṭur. *hənnək*, mand. cl. *hinun*, mod. *hannoḫ*, *hannī*, AR. *hum*, *humū*, yém. soud. *hum*, iraq. ég. *humma*, syr. *hənne*, magh. *hum*, *hūma*, *hūmān*, SAR. sab. *hmw*, CAN. ph. *hmt*, AR. hisp. *humet*, SAR. *hmw*, (cas oblique *hmt*, *hmwt*), ETH. g. ʾ*əmmuntu*, *wəʾətomu*, te. *hətom*. **-b.** fém. CAN. ph. *hmt*, ARAM. bibl. ʾ*innīn*, syr. *hinn*, *hinnēn*, sam. ʾ*nyn*, mand. cl. *hinin*, mod. *hanneḫ*, *hannī*, AR. *hunna*, yém. soud. *hin*, SAR. sab. *hn* (cas oblique *hnt*), ETH. ʾ*əmmantu*, *wəʾəton*. II. Suffixe. A. Sing. **-a.** mas. OUG. *-h*, CAN. ph. *-h*, *-y*, pun. *-y*, *-*ʾ, h. *-hu*, *-w*, *-ō*, ARAM. bibl. *-hī*, *-h*, syr. *-eh*, nsyr. *-u*, naram. *-e*, AR. *-hu*, yém. *-ah*, *-h*, iraq. *-(a)*, syr. *-o*, *-(h)*, magh. *-u*, *-(h)*, ég. *-uh*, *-h*, SAR. sab. *-hw*, *-h*, ETH. g. *-hu*, *-u*, *-o*, te. *-hu*, gaf. *-ho*, tna. (ʾ)*u*, amh. arg. *-u*, *-w*. **-b.** fém. OUG. *-h*, CAN. h. *-hā*, ARAM. bibl. *-hā*, syr. *-āh*, nsyr. *-o*, naram. *-a*, AR. *-hā*, yém. iraq. ég. magh. *-ha*, syr. *-a*, *-ha*, SAR. sab. *-h*, ETH. g. *-hā*, te. *-ha*, gaf. *-hä*, tna. *-*ʾ*a*, amh. arg. *-wa*. - B. Plur. **-a.** mas. OUG. *-hm*, CAN. ph. *-m*, h. *-hẹm*, ARAM. bibl. *-hom*, sam. *-wn*, *-nwn*, syr. *-hūn*, nsyr. *-e*, naram. *-un*, AR. *-hum*, *-humū*, yém., ég. iraq., magh. *-hum*, syr. *-(h)on*, SAR. sab. *-hmw*, *-hm*, ETH. g. *-homu*, te. *-hom*. **-b.** fém. OUG. *-hn*, CAN. h. *-hen*, ARAM. bibl. *-hēn*, sam. *-yn*, *-nyn*, syr. *-hēn*, nsyr. *-e*, naram. *-en*, AR. *-hunna*, yém. *-hin*, SAR. sab. *-hn*. **-5.** SAR. épig. ḥaḍ. *h*, mod. soq. *h-* : particule introduisant les pronoms personnels en fonction de datif; mh. jib. *h*, *he*, ḥars. *h*, *he* "à, pour". **-6.** *h*, particule interrogative : **a.** AR. dial. *hū*; **b.** enclitique : ETH. *-hu*; **c.** proclitique : CAN. h., ARAM. *h*ᵃ*-*, AR. *ha-* "est-ce que ?". **-7.** CAN. h., ARAM. bibl, ég., SAR. sab., mod. mh. ḥars. hob. *h-* : préfixe verbal servant à former le causatif et les formes nominales constituées à partir des thèmes de causatif. **-8.** OUG. *-h*, CAN. h. *-(a)h* : suffixe "terminatif", ?ETH. g. *-hā*, suffixe à valeur locative. **-9.** SAR. mod. *h-* est à la base de divers fonctionnels : mh. *hām*, *hān*, *hēs*, jib. *hér*

(Sidḥ *hél*) "si, quand", jib. *h(ér)* (Sidḥ *h(él)* "jusqu'à; pour", mh. *hāl*, *hən-*, ḥars. *hel(t)* "à, avec, chez", etc. ¶. En syllabe ouverte ou fermée par une semi-voyelle ou une laryngale, *h* fournit des expressions onomatopéiques de cris ou de bruits : v. H-'/H/W/Y. **-I.** Des lexicographes arabes parlent de "*hā* de l'annonce, de l'avertissement", destiné à attirer l'attention sur ce qu'on va dire, v. TA s. *hā*. Sur la nature originellement interjective de *hā*, V. WEHR ELATIV 38, FISCHER DEMONSTRATIVE 167. **-1.** Seules quelques-unes des multiples interjections fondées sur *h* sont fournies ici en illustration. **-2. a.** Quelques formes seulement à titre d'exemples, v. aussi s. H-'/H/W/Y. **-b.** Sur les usages de la particule conjuguée, surtout MARÇAIS, TAKROUNA 411; pour *hāk* "prends", en particulier QLS 1198. **-c.** *hāti* "donne !" semble bien constitué par deux éléments déictiques adjoints *hā* et *ti*, comme le soutiennent divers grammairiens arabes; une autre hypothèse -peu vraisemblable- est qu'il s'agit d'un impératif d'un dérivé en *h-* du verbe *ʾatā* "venir", mais V. les objections de BARTH PB 73; aussi LANE 2910; sur ce type d'"impératif", D.C. BSL 79/2 (1984) 341. **-d.** Pour les éléments déictiques qui s'adjoignent à la base en *h*, V. sous Đ, Y, K, L, M, N, T. - Sur la distribution *h* : *š/s*, v. les indications données ci-dessous s. 4. - La formation des démonstratifs qui comportent apparemment la base en *h*, n'est pas toujours claire. D'une part, cette base a pu fonder des formes qui apparaissent à leur tour comme des bases sur lesquelles ont été fondées d'autres formes complexes. D'autre part, un grand nombre de démonstratifs ne peuvent pas être analysés avec sûreté à l'intérieur d'une même langue ou d'un même groupe de langues. Certaines des formes qui sont incluses ici auraient pu être traitées sous d'autres entrées, comme p. e. HL, HN, etc. Elles ne sont pas toujours reprises sous ces entrées, mais il y est renvoyé chaque fois à cette entrée-ci. - Pour l'oug. *hnd*, GORDON UT 39 propose l'analyse : *hānā* (comp. syr. *hānā*) + *d* (=ar. *đū*). Il est à noter que syr. *hānā* < *hā-d*ᵉ*nā*. D'autres formes de l'aram. et de l'ar. dial. connaissent ce type de réduction. - L'initiale *h* des formes hébraïques m. *h*ᵃ*zzẹh*, f. *hazzōt*, pl. *hāʾēllẹh*, *hāʾēl*, de même sans doute que celle de m. *hallazẹh*, f. *hallēzū*, com. *hallaz*, représente l'article défini, V. GESENIUS GRAM 110, GVG I/317, 321, BL 261, EITAN AJSL 45, 200, mais V. GORDON UT 39 : *h* < **han*. - Sur des formes du fém. en *tī* et en *tā* en ar. anc. : *hātī*, *tīka*, *tilka*, *hātā*, *tāka*, *tālika*, aussi *hāđāti*, V. les références dans BARTH PB 111. L'ar. n'est représenté ici que par les formes du classique. Les formes dialectales sont trop nombreuses pour qu'il soit possible de les citer toutes. V. des listes abondantes dans

BARTH PB, BROCK. GVG I/318, FISCHER DEM. De manière générale, outre les formes correspondant à *hā* et *hāđā*, les dialectes utilisent essentiellement comme bases déictiques ajoutées : a) *k*, surtout dans la formation des démonstratifs "lointains" (sur la notion de "proximité" et d'"éloignement", V. D.C. FL 3 (1994) 113 : p. e. ʿom. *hāđak*, hisp. *hedeq*, tun. *hāđāka*, *hāđīka*; b) *l* (qui peut se combiner avec *k*), pour la formation des pluriels : iraq. *hawlā*, ʿom. *hādīle*, dat. *hađāla*, *hađālak*, hisp. *heuley*, tun. *hāđūla*; c) rarement *m* : tun. *hađūm(a)*. Dans les formes de pluriel, une voyelle *ū/ō* après *đ/d* s'oppose à *ā* du sing. : tun. *hāđū*, *hāđūla*, syr. *hādōl*, etc. Quelques dialectes connaissent des formes dans lesquelles *hā* est suffixé : ʿom. *đākha*, *đikha*, aussi *hāđikha*, ég. m. f. *dikha*, pl. *dukha*; v. s. HY(Y). - Quelques formes à fonctionnement adverbial, sont le produit d'une agglutination avec abrègement d'une construction démonstrative : p. e. aram. syr. *hāšā* "maintenant, récemment" < *hā* + *šāεā* (BROCK. LEX. 184), de même ar. *hassa* < *hā ssāεa*, ar. lib. *halleq* "maintenant, tout récemment", sous peu" < *hāđa-l-waqt* (FEGHALI SYNT. 465) à comp. aux formes magh. (algériennes et marocaines) *derwaq*, *drūq*, etc. < **đā* (*hađā* ?) *lwaqt* (V. en particulier MARÇAIS TANGER, 289, s. *dāba*, ESQUISSE 254). **-3.** Sur l'origine de la forme, **a.** < **hā*, avec abrègement de la voyelle compensé, en h. tout au moins, par la gémination de la consonne initiale du mot déterminé (sauf dans des contextes phonétiques particuliers), BL HIST. GR. 262; **b.** < **hal* (comp. ar. *ʾal*), CHRISTIAN, UNTERS. Z. LAUT U. FORMENLEHRE D. H. 1953, 47, d'ap. HAL 225; **c.** < ancien démonstratif **hān*, HOMMEL SÜDARABISCHE CHRESTOMATHIE 67, mais V. HÖFNER, 113. - En pun., l'article peut être noté *ʾ*, en npun. parfois *ε* ou *ḥ*, FRIEDRICH GRAM. 52-54. En h., il a la forme *ha-* et entraîne la gémination de la cons. initiale du mot déterminé. On relève dans des textes bibl. (Ezra 8/25, 10/17, 2Chr. 29/36, Jos. 10/14), un usage de *ha-* en fonction de relatif, BARTH PB 161; v. aussi sar. sab. *hl-mw* "quoi que ce soit", DIC. SAB. 56. **-4.** Le pron. mas. de 3ème pers. n'est en *h-* (éventuellement > *ʾ* et *ʾ* > Ø) que dans une partie du sémitique de l'Ouest, à savoir en oug., en can. (sauf dans certains états du phén.), en aram., en ar. et en sar. sab. L'ak. et le sar. (à l'exception du sab.) ont des formes en *š-*. Il faut noter d'ailleurs que dans le reste du sar. mod., les formes qui se présentent actuellement avec une initiale *h-* : mh. *he(h)*, ḥars. *ha*, *hah*, soq. *hʸe*, peuvent bien être l'aboutissement régulier de formes en *š*, V. JOHNSTONE AL 1/5 (1975) 25. Pour le fém., le sar. mod. présente la particularité d'avoir une forme en *s-*, alors que le mas. est en *h/š-*. Du fait de cette distribution, des sémitisants ont abouti à une reconstruction du système sém. qui opposerait un mas. **hū* à un fém. **šī*; remarquer que *šī* ne donne pas *s* en sar. mod. et *h* ne donne pas *š*. - La base des formes en *h-* semble bien avoir été **hū*, **hā*. Plusieurs des formes actuelles manifestent des allongements et des renforcements, par des éléments déictiques (comme il en est d'ailleurs pour les bases elles-mêmes qui fonctionnent fréquemment comme des démonstratifs), à savoir **ʾ* et **t*. - Il faut signaler sur ce point que des formes *hwʾh*, *hyʾh* sont attestées dans les mss de la mer Morte. - En oug. comme en sar. sab. les formes en *t* sont utilisées en fonction de cas oblique (accusatif ou datif), en ar. dialectal (hisp., palest.), elles n'ont aucune fonction casuelle. - Les formes éthiopiennes sont proposées ici sur la base d'hypothèses reconstructives mettant en oeuvre ces éléments de renforcement **t* (BROCK. GVG I/241, 303, RUNDGREN BILD 194), V. aussi LESLAU CDG 25 s. *əmmuntu*. Pour une étude générale des pron., BARTH PB, 1-171, GVG I/297-313; pour l' oug. GORDON UT 389, 391; can., BL HIST. GR. 247-260, ph., FRIEDRICH GRAM. 45-50; ALBRIGHT, JAOS 67 (1947), 156, BRON 133; pun. mas. **hy* à lire *hū* ?, V. SZNYCER POEN. 94-95; mand., V. MACUCH MAND 154; pour une analyse de l'ensemble des formes éth., LESLAU GAFAT 54, 58. En h., en aram. ég., bibl., sam., mand., *hw*, *hwʾ* fonctionnent à la fois comme pron. pers. et comme démonstratifs; en h., et en aram. jp, syr., mand., ces mêmes formes élargies par *h-* préfixé : *hhw(ʾ)*, *hhy(ʾ)*, sont utilisées comme démonstratifs. En outre, le pron. de 3ème pers. sert très souvent de copule; V. des références dans D.C. PHRASE, *passim*. **-5.** Sur le sar. épig., LESLAU LS 137, BEESTON, ESA 56; mod. JOHNSTONE ML 150. Pour les formes mod. biconsonantiques, voir 9 ci-dessous. - *he* < *ke* ?, V. LESLAU LS 137. - CHRISTIAN WZKM XXXI, 159 pose *h(a)*, *h(e)* < **han* rapproché de ak. *ana*. **-6.** v. s. ʾ/H, complété ici. - Le rapport entre *hū*, *hu-* d'une part et *hᵃ-*, *ha-* de l'autre, postulé par BROCK. GVG II/190, n'est pas unanimement reconnu; DILLMANN GRAM. 278 (v. aussi 514, 550) et LANDBERG GL. DAT. 1360 et suiv. semblent y voir plutôt le pronom de 3ème pers. mas. sing. LANDB. relève le pronom fém. *hī* aussi dans cet usage. - En oug., une forme dans CTCA n° 58, interprétée comme *h-šlm*, avec *h-* interrogatif (p.e. GORDON UT 388 n° 736), est à lire *pšlm*, V. KTU 2.5, CTCA p. 148, n.4. - Sur l'h. épig. DISO 61. - Sur l'aram. DALMAN LEX. 106. Comp. s. HL. **-7.** Dans les autres langues, les préfixes sont *š-* (ak., oug., sar.), *y-* (phén.) *ʾ-* (punique, aram. - partiellement -, arabe, éth. g.), *a-/Ø/h-*, subjonctif *h-* (mh., ḥars.), *e*, *a-* (jib.), *ʾə-* (soq.). Les préfixes purement vocaliques des dialectes sudarabiques pouvant être dus à l'amuissement d'une laryngale *ʾ* comme dans une partie de l'éthiopien. Le fait que tous les dial. mod. ont un préfixe *š*- pour former le causatif-réfléchi, *š*- étant fort probablement l'aboutissement de **št*-, n'est pas significatif de ce point de vue. Le suffixe *št-/st*- est en effet attesté, même dans les langues qui n'ont pas une sifflante ou une chuintante comme morphème de causatif. - Sur la distribution des préfixes de causatif et son parallélisme avec celle des pronoms de 3ème pers., SPEISER 406-9. **-8.** Exprime essentiellement la direction, la tendance, et secondairement semble-t-il, la localisation : oug. *šmmh* "vers le ciel", *mṯth* "sur le lit", h. *haššāmaymāh* "vers le ciel", *hammizbēḥāh* "sur l'autel". Le fonctionnement a été rapproché de celui du "terminatif" akk., V. MEEK JAOS 60 (1940) 228; pour l'oug. GORDON UT 102, 389 n° 738; pour l'ak., SODEN GAG 89. Sur l'éth. DILLMANN GRAM. 321 qui définit le morphème comme une particule démonstrative impersonnelle, avec la valeur de "ici, là" et dont il compare certains aspects du fonctionnement à celui du "locatif" en skr. Mais V. aussi CDG 213 : "marque de l'accusatif avec les noms propres". Sur diverses hypothèses étymologiques, V. SPEISER IEJ 4 (1954) 108. **-9.** Une analyse de ces particules comme constituées par une base *h* + autre consonne apparaît dans JOHNSTONE ḤL 49, ML 155. Ici, elles sont classées sous des racines biconsonantiques, v. HL, HM, HN, HS, HR, HT. **¶¶.** De nombreuses formes chamito-sémitiques présentent des analogies à la fois phoniques et sémantiques avec les formes fournies ici. Ces analogies ne constituent pas toutes nécessairement de véritables correspondances; il peut s'agir de rencontres fortuites en raison du caractère particulier du domaine illustré, sa nature soit exclamative fondant son fonctionnement déictique, soit expressive, onomatopéique, iconique. C'est donc avec réserve que ces formes analogues à celles du sémitique sont signalées ici. Au demeurant, pour ces mêmes raisons, les rapprochements à l'intérieur du sémitique ne peuvent pas eux-mêmes être considérés comme totalement significatifs. Cette réserve ne doit cependant pas conduire à leur dénier toute pertinence. En fait, la comparaison entre différents groupes de langues, sans rapports génétiques ou de contacts culturels prolongés, semble bien permettre de penser que les phénomènes d'expressivité, les onomatopées, etc. ne sont pas, dans leurs formes, totalement indépendants de l'histoire et de la structure de la langue dans laquelle on les relève. **-1.** En berb. kab. "*ha*- suivi des pron. suff. de régime direct ... augmenté ou non d'éléments d'origine déictiques forme un complexe présentatif", DALLET DKF 284; tamaz. *ha* "particule démonstrative "voici", etc.", TAÏFI 215. V. aussi pour les formations présentatives sur la base de *ha*, F. BENTOLILA, GRAMMAIRE FONCTIONELLE D'UN PARLER BERBÈRE,

AÏT SEGHROUCHEN D'OUM JENIBA (MAROC), Paris 1981, 113-4, P. GALAND-PERNET, H. ZAFRANI, VERSION BERBÈRE DE LA HAGGADAH (TODRHA MAROC), 81. Sur des démonstratifs en *h* en to., V. PRASSE H 32 et TOUAREG I/186, 191, 192, 194 . **-2.** v. s. 1. **-7.** En couch., le sa. fait usage d'un suffixe *-ho* en fonction d'interrogatif, sans doute provenant du g. *-hu*, LESLAU CDG 213.

H-'/H/W/Y, 1. AK. *ay*, *ā*, *ayyi*, CAN. h. *hī*, *hōy*, *hō*, *hōhō*, *he'ah*, *'ahah*, ARAM. syr. *'wh*, *'oy*, *hāwāy*, *hewāy*, AR. *hīh*, *hīhi*, SAR. soq. *hoho*, ETH. te. *ha'*, *hə'*, *hoy*, te. *hi'i*, *hə'i*, tna. amh. *hāy*, *hoy*, *howa*, *ho-ho* : exclamations de surprise, de douleur, de dédain, de plaisir. - AR. *ha'ha'ha* "rire aux éclats", lib. *hāhā*, malt. *haha* "rire aux éclats, rire fort", *hah* : interjection exprimant l'ironie, soud. *hawhaw*, boukh. *haw haw ḳōl* "aboyer", ETH. tna. *haha hahi*, *haha bälä* "rire bruyamment, hennir", *ha bälä* "braire, hennir", *hawhaw bälä* "gargouiller, produire des borborygmes", amh. *ha(ha) alä* "hennir, se mettre à braire", *hu hu alä* "aboyer", *əhəh* "oh !" (interjection marquant la peine, le regret), *əhəh alä* "gémir, geindre", *hayy alä*, har. *ḥaya* : cri pour rejeter ou renvoyer qn, te. *huh belä* "tousser", *haw'a* "hurler (comme un chien)", *hawäw belä* "bavarder continuellement". - AR. *hay'u*, *hīy'u* : cri par lequel on appelle les chameaux à boire, *ha'ha'a* "appeler (les chameaux à manger), (les) gronder", malt. *hawhaw* : cri pour faire tourner les boeufs au labour, ETH. tna. *hoho* : "hue !", (cri pour stimuler les boeufs). - CAN. h. *hāh*, *wāh* "ah ! hélas !", AR. soud. *hōy* "oui", boukh. *ha ḳōl* "dire oui, acquiescer", ETH. te. *ha'i* : cri de joie, *ha'i belä* "exprimer son plaisir", *hoy*, tna. *hoyä* : exclamation de joie, amh. *ho (ho) alä* : saluer, accueillir par des *ho ho* poussés dans un chant. - AR. *hahha* "bégayer". - soud. *hōy* : cri d'appel. **-2.** ETH. g. amh. *hohe* "lettre (de l'alphabet)", te. *hahuhi belä* "lire l'alphabet", tna. *ha* ou *haha bälä* "épeler", amh. *hahu alä* "étudier, apprendre l'alphabet". **¶. 1.** v. H'Ḥ, H'Q et s. /h/ et H, les considérations sur les formes réunies ici. **-2.** Les lettres représentant *ha*, *hu*, *hi* correspondent, dans l'alphabet éthiopien, à la première série de signes syllabiques formés sur *h*. Les bases de ces verbes composés sont constituées par une ou plusieurs de ces syllabes dans l'ordre canonique (les autres lettres de la série correspondent à *he*, *hə*, *ho*). **¶¶.** Nombreuses sont les formes analogues dans les autres branches du chamito-sémitique. En voici quelques-unes dont l'énumération ici a pour seul objet de montrer que l'usage des exclamations et interjections à base *h* est fréquent dans ces langues : EG. *h'* : interjection d'appel, *hy* : interjection d'acclamation, cri de joie, *hyhy*, "acclamer", *yhy* : exclamation de surprise, de désapprobation; berb. : kab. *ah ya*, *ihi* : exclamations de surprise, admiration, indignation; *uh* "hélas !", *eh* "oui", *ahã* "non"; mzab. *ih*, *yəh* "oui", *uhu* "non"; ghad. *ihi* : exclamation de plainte, essoufflement, épuisement; to. *oh* : exclamation de regret ou d'indifférence, *uh* : surprise, *hēi* : appel, etc. v. PRASSE H 32 qui indique que les nombreuses interjections en to. ainsi que les rares [en 1969] données des autres dialectes méridionaux comportent selon lui un *h* originel; couch. : sa. *hā* : interjection de joie, som. *ha*, *hah* "oui", *háyyày* exprime le regret, la peine : "hélas", bil. *hahyé* : peine, crainte; or. *hi* : ironie, reproche, *hiīo* "non, rien à faire !", etc.

H'/H, 1. SAR. mh. *hoh*, *hō*, *ho*, jib. *he*, *he'*, ḥars. *hoh*, soq. *hoh*, *hóhon*, autres dial. soq. *'oh* "moi, je". **-2.** ETH. tna. *haha bälä* "être béant, ouvert (trou, etc.)". **¶.** Sur les formes en *h'* du pron. pers. de 3ème pers., v. s. H. ¶ **1.** D'ap. JOHNSTONE MH 150, JL 93, ḤL 50. Le pronom de 1ère pers. sing. en sar. mod. a été rapproché de l'akk. *-ku* dans *anā-ku* "moi", V. REINISCH, FÜRWORT 155, aussi BITTNER MH. ST. 5, LESLAU LS 138. **-2.** v. ḪWḪ.

H'Ḥ, CAN. h. *hẹ'āḥ 'āmar,* litt. "il dit *hẹ'āḥ*" (cri de joie, cri pour exprimer le hennissement d'un cheval pendant le combat). **¶.** Interjection à comparer avec celles qui sont fournies s. H-'/H/W/Y. Sur les références bibliques HAL 226.

H'/YY, Aram. mand. *ha'y*, *hayy*, *'ay* "comment ?". **¶.** v. 'YY, HYK.

H'Q, AR. *hāq-* : cri du jeune âne **¶.** Dozy II/744. Comp N'Q et v. s. -HQ-.

-HB-, A. Plusieurs racines qu'il est possible de disposer en séries où se manifestent des groupements de valeurs analogues, ont en commun cette base radicale : **1.** Une série de ces racines est constituée par des formes de la base, élargies selon des procédés usuels de formation radicale : gémination de la seconde consonne, redoublement de la base, adjonction ou insertion d'une semi-voyelle, éventuellement d'une liquide, simple ou géminée. Parfois l'élargissement unit deux de ces procédés. La base apparaît aussi sous sa forme simple, sans doute après amuïssement de certains phonèmes dans les langues où elle est attestée. Les valeurs communes sont liées à la notion de "souffler", p. e. "s'agiter", "courir", "flamber", etc.; v. HBB, HBBL, HBHB, HBW, HBL, HBLBL,

HWB, LHB... **-2.** Certaines de ces racines comme HBQ, HBHB, HBL, HBR, et aussi quelques autres de structures analogues, expriment des bruits et des cris (voir aussi sous H); ainsi : HBY, HBLL, HBRM. - B. **1.** Une série de racines où la séquence consonantique HB est accompagnée d'une troisième radicale dentale comporte parmi ses valeurs celle de "vélocité, rapidité" : voir en particulier sous HBDB, HBḎ, HBS, HBṢ, HḎB. **-2.** On peut relever la même séquence consonantique, accompagnée de consonnes diverses, dans plusieurs racines qui comportent parmi leurs valeurs celle de "frapper"; exemples : voir HB, HBG, HBD, HBṬ, HBY, HBŚ, HBT. Comparer ʾBD/T. **-3.** Les notions de "stupidité", "faiblesse d'esprit", "folie" ou notions analogues sont souvent exprimées par des racines contenant cette séquence complétée par des consonnes diverses. **-a.** Un groupe de ces racines comporte comme autre radicale une consonne dentale : par exemple HBZ, HBṬ, HBT, HBTL (croisement de HBT et HBL ?) et peut-être aussi HBŚ qui, néanmoins, n'étant attestée qu'en arabe, donc sous la forme HBŠ, pourrait relever du groupe de racines en palatales qui constituent la série suivante. **-b.** Cette série de racines qui comportent aussi, parmi leurs valeurs, celle de "stupidité", présente une palatale, souvent accompagnée d'une liquide ou d'une pharyngale : voir des exemples sous HBḪ, HBK, HBNK, HBNQ; également avec M au lieu de B : HMG (voir aussi ci-dessus sous 3 pour HBŚ). **-c.** Il faut enfin tenir compte des racines dont la radicale complémentaire est L (éventuellement accompagnée de N), à savoir BHL, HBL, HBLN. - Sur HBTL, ci-dessus sous **-a**. - Mais voir aussi -HG. **¶.** *NB.* La constatation de la présence actuelle de cette séquence commune dans plusieurs racines qui possèdent des valeurs analogues à côté d'autres sans similitude n'est pas donnée ici pour nécessairement significative du point de vue étymologique et historique. Pour certaines d'entre elles, peut-être les plus nombreuses, il peut s'agir de racines anciennement biconsonantiques, augmentées secondairement par l'intégration d'un élément H- originellement préfixe. En outre, des croisements divers peuvent s'être produits. Voir aussi par exemple, en relation avec les valeurs sous A.1., sous BK, et aussi en particulier les racines présentant la séquence P + faucale.

HB, ETH. te. *həb belä, həb wäda* "sauter sur une jambe", *həb ʾabälä* "battre avec un bâton, battre le grain". ¶ v. les renvois s. HB. - V. WTS 15. - Plusieurs formes ayant le sens "donner, etc.", construites sur des racines à base HB (HBB, HBW, HBT) sont étymologiquement des formations secondaires à partir de WHB, v. s. - v. aussi HP.

HB', AKK. *ebīt-* : sorte d'acacia, ARAM. targ. *hūbāʾē* "buisson épineux". ¶ L'akk. est un emprunt, V. AHW 183.

HBB, 1. ARAM. syr. *habbətā*, *habābā* "fleur", *hab* "fleurir", *habēb* "briller", ETH. tna. *hambäbä* "fleurir", *hamboba* "fleur". **-2.** AR. *habba* "couper, trancher", *habbaba* "déchirer". **-3.** AR. *habba*, ETH. g. *hababa* "souffler (vent)", tna. *habäbä*, te. *habbä* "rugir (vent)", AR. *habba* "être agité, s'éveiller", tham. *hb* "s'éveiller" ?, syr. *habb* "éclater, jaillir, se manifester", AR. cl. *habba* "tressaillir et se jeter sur la femelle (bouc en rut)", ég. *habb* "bondir, jaillir", *habb* "copuler", *hibāb* "organe sexuel (de l'homme)", ETH. te. *habbä* "bêler fort (chèvre avant la copulation); couvrir, sentir (intr.)", tna. *habäbä* "pousser un cri d'affolement (bouc en rut)", amh. *ababa alä* "bêler", AR. *habba* "fuir, s'enfuir; être invisible, absent", daṯ. *habb* "marcher vite", magh. "s'enfuir", ETH.-amh. *hobbāy alä* "courir, s'enfuir"; tna. *həbib ʾabälä* "lancer avec force"; AR. *habbaba* "travailler grossièrement, à la va-vite; cuire, causer une souffrance", liban. *habb* "flamber". **-4.** SAR. jib. *ehbeb* "chanter". **-5.** "injurier", SAR. ḥars. *heb* ! "low fellow !" ETH. g. *hababa* "mépriser", *tahabba* "diffamer, insulter", amh. *habhabb alä* "se moquer de". **-6.** *hibbat-* "espace de temps, état, condition". **-7.** AR. *habbāb-* "suie", ég. *hibāb* "suie", *habbib* "salir avec de la suie". **-8.** daṯ. *hubub*, *hububiy* "huppe". **-9.** ETH. amh. *habbā* : sorte de vêtement de luxe, en soie noire. **-10.** te. *hobib* "oiseaux de proie (?)". ¶. Pour des formes ayant la valeur "donner" ou similaire, v. WHB. **-1.** v. s. 'BB : amh. *abbäbä*, te. *ʾambäbä* "fleurir", à rattacher à HBB. **-3.** voir les renvois sous -HB-. Pour le sens "brûler", v. aussi HWB, HBHB. - Pour le thamoudéen, IT 527. - En arabe, le verbe *habba* peut fonctionner en auxiliaire inchoatif "se mettre à", WORTABET, 721. V. aussi LANDBERG, GL. DAṮ. 2843. Les formes dialectales d'après HAJJÉ 17, 21, BARTHÉLEMY, BEAUSSIER. En éthiopien harari, est attestée avec le sens de "rugir (vent)", une forme *ḥabāb* (*ḥ*!; pour *ḥ*, v. s. H) *bāya*, LESLAU, CDG 214. EDG III/43 rapproche tigré *ʾəmba bela*, tigrigna. *ʾəmbaḥ bälä*, amhharique *əmbʷa alä*, gouragué *əmb balä* (aussi en couchitique saho *həmb ḏaḥ*) "mugir", toutes formes qui peuvent aussi être rapportées à NBḤ, s.v. **-4.** v. HBHB. **-5.** Pour le sarabique moderne, JOHNSTONE HL 49. v. aussi s. HBHB, ḪBB. - La racine apparaîtrait en eblaïte, dans une forme de participe dérivé en *-t-*, transcrite */muhtabbi/* et interprétée à partir d'une valeur attestée en éthiopien (guèze), V. KIDANA WALD 364, LESLAU, CDG 214; V. CONTI, QUAD. SEM. 17 (1990) 98. **-8.** v. HYB. **-9.** GUIDI, SUPPL. 3. **-10.** WTS 16. ¶¶. **3.** Aussi en couchitique bilin *habba* "vent". - Pour divers sens, comparer berbère touareg *hubət* "traîner, être traîné", *hubbet* "saisir et enlever rapidement", FOUCAULD 503, kabyle *hubb* "bondir, se lancer, saisir avec impétuosité, souffler", DALLET, DKF 285 ? - Pour le couchitique, saho *habbā* "bond", REINISCH, SAHO 172 ? - Tamazight *hubb* "cri du chien qui aboie", TAIFI 216, *hubb* "aboyer", BIARNAY 346. -5. Eg. *hb* "humilier (?)", FAULKNER 158.

HBBL, ETH. te. *habobälä* "devenir violente (tempête)", tna. *habobla*, *həbobla* "violente tempête". ¶. V. WTS 16. - v. HBL et les renvois s. -HB-.

HBG, 1. AR. *habağa* "frapper avec un bâton", *habbağa* "causer une enflure", *habbāğ* "étourdi", *mihbāğ-* "pilon à café", orient. liban. *habağ* "frapper, gifler; emporter, ravir; gratter jusqu'au sang (la peau)", magh. *hbağ* "tirer", avec *fī* "médire de", *habbuğ-* "tumeur molle". **-2.** soud. *habağ* "terrain plat ou déprimé", tchad. *hobāğa* "puits peu profond dans le lit d'une rivière". ¶. **1.** GL. DAT. 2843, FRAY., BEAUSS.; v. s. -HB- et HBD, HBṬ, HBŚ, HBT, HBY, comp. ʾBD/T. **-3.** QLS 1171, LPAT 507 (d'ap. Lethem).

HBD, 1. ARAM. targ. *hōbādā* "destruction", *hōbdānā* "ruine", AR. ég. *habad* "abattre, terrasser" ég. *habad* "projeter, frapper", soud. "frapper durement", *habadī* "coups violents". **-2.** AR. *habd-, habīd-* "coloquinte", *habada* "ramasser, casser, cuire, donner des coloquintes". **-3.** soud. *habbūd* : cendre, ce qui voltige comme des corpuscules, *habūd* "cendre blanche de bois parfumé". ¶. **1.** Targum d'Esther 9/5, Psaumes 92/12, V. JASTROW 336. v. HBG, HBṬ, HBY, comparer ʾBD/T; pour l'arabe d'Egypte, SPIRO 621, le soudanais dans QLS 1171 qui signale *en* usage *à* l'Est *ʾumm habbūd* "tabac mélangé de cendre". - v. les renvois s. -HB-. **-2.** v. SBD. V. aussi DOZY-ENGELMANN GLOS. 284. **-3.** ROTH-LALY, LPAT 507 (d'ap. Hillelson).

HBDB, AR. *habdabay* "pas accéléré d'un cheval". ¶. v. HBḌ, HBṢ, HḌB.

HBḌ, AR. *habaḏa* "être véloce, se mettre à courir". ¶. v. HBDB, HBṢ, HḌB. V. GL. DAT. 2844.

HBHB, 1. CAN. h. talm. *hibhēb*, ARAM. targ. *habhēb* "flamber, griller", *habhᵃbā* "chaleur ardente", ETH. te. *habhab belä* "flamber". **-2.** AR.

habhaba "s'éveiller, marcher d'un pas rapide; éloigner, chasser qqn; égorger (un mouton)", magh. *habhab* "se lever, souffler doucement", syr. "être soulevé par le vent". - "trembler (mirage)", *habhāb-* "rapide, mirage". **-3.** AR. dial. *habhab* "aboyer", SAR. jib. *häbhéb* "chanter aux vaches ou aux chameaux pour les amener à boire", mh. *hība-hībay* : cri pour amener les vaches ou les chameaux à boire. **-4.** AR. ég. *hubhub* : sorte de liqueur de palme frelatée. **¶.** Pour des formes ayant la valeur "donner" ou similaire, voir WHB. **-1.** Voir les renvois sous -HB-. **-2.** Pour une forme *habhābay* dans Osée 8/13, V. E.W. Nicholson, VT 16 (1966) 356 et suiv. **-3.** Voir sous HBY. **¶¶.** Couchitique : somali *hābo*, saho ʿafar *bahō* "bois à brûler", *habhah* "s'enflammer", V. Reinisch, Somali 194.

HBW, 1. AR. *habā*, "être soulevé et voltiger dans l'air (poussière); s'enfuir (cheval); mourir, être mort", *tahabbā* "agiter les mains; être réduit en poussière", *habāʾ-* "poussière flottant dans l'air", ég. *habw* "particules qui s'envolent, courant d'air", soud. *habū* "cendre qui s'envole", *habbawē* "poil (de chameau, chèvre, etc.)", hisp. *habā* "corpuscule", magh. *hbāʾ* "atomes de poussière qu'on voit voltiger dans l'endroit par où pénètre un rayon de soleil". - magh. *hbā* "prendre violemment (feu)", marāz. *hbé* "réduire en poussière", (avec l'article) *léhbe* "la cendre la plus fine", *habba* "se réduire en charpie (pour être trop cuit)" . **-2.** *habbā* "affamer, ôter les vivres", *habyān-* "goulu, avide", liban. *habä* "déposséder qn de sa fortune", *həbi* "devenir misérable", ég. *hibi* "s'affaiblir de faim"; SAR. mh. *hebū* "mendier sa nourriture", *hátbi* "se traîner pour trouver du secours", *šəhēbi* "aller à la rencontre de qn". **-3.** *hubāyat-* "aubier (de l'arbre)". **-4.** ETH. g. *habawa* "se répandre (rosée)", *həbo*, *habo*, tna. *hubo*, gour. *abʷä*, *awä* "rosée". **¶. 1.** voir les renvois s. -HB-. Pour l'andalou, dans Pedro 107/26, *hĕbe* "atomo del sol" a pour pluriel (probablement erroné) *hebixīt*. V. Boris 635-6, QLS 1174. **-2.** Dozy II/745; pour le libanais : Hajjé 67,21, Denizeau 537. - Aussi soqotri, V. Leslau, LS 410 : *šbb* et 411 : *šby* (*mišteb* "pauvre"). **-4.** Leslau, CDG 213 compare l'arabe *ḥabāba* "gouttes de rosée". **¶¶.** Couchitique oromo *huba* "poussière, fétu, détritus". **-2.** Couchitique oromo *hubū* "léser, nuire moralement, faire tort".

HBZ, 1. AR. *habaza* "mourir de mort subite". **-2.** magh. *hbaz* "prendre à poignée", *habza* "poignée". **-3.** maraz. *habbaz* "gratter ou piétiner le sol pour l'aplanir", *habza* "trace informe, indistincte sur le sol". **-4.**

maroc. *hbəz* "dire des bêtises, des inepties". ¶. 1. v. 'BZ. -3. BORIS 634. -4. HARRELL 53.- Voir les renvois sous HBŚ, HBT, HBTL et les renvois sous -HB-. ¶¶. 2. Rapport avec le berbère tamazight *həbbəz* "mordre, saisir avec les dents" (dans TAÏFI 217) ?

HBḪB, ETH. te. *habḫaba* (?) "rester en arrière du fait de la fatigue". ¶. Ainsi avec point d'interrogation dans WTS 15.

HBḪ, 1. AR. *habayyaḫ-* "garçon, jeune homme", *habayyaḫat-* "jeune fille". -2. "stupide, mou, flasque, sans qualités et sans valeur (homme)". -3. "lit d'un fleuve, d'un torrent". ¶. 1. LANE 3041. -2. v. s. HBḪ, HBK, HBNK, HBNQ et les renvois s. -HB-.

HBṬ, 1. OUG. *hbṭ* "abaisser", AR. *habaṭa* "rouler et tomber, descendre, s'abattre, mettre pied à terre, entrer dans un pays; diminuer; frapper"; - OUG. *hbṭn* : catégorie de soldats. -2. AR. soud. *habaṭṭah* "forêt dense". -3. ETH. te. *həbäṭ* "giron, sein". ¶. 1. Voir BWṬ ? Voir aussi les renvois sous -HB- ? - Sur ougaritique *hbṭn*, V. LIVERANI, RSO 1969, 191-198. -2. ROTH-LALY, LPAT (d'après Hillelson). -3. Comparer 'BṬ/Ḍ ? -3. WTS 16.

HBṬRŠ, AR. soud. *habaṭraš* "nombreux". ¶. QLS 1172.

HBY, 1. CAN. h. talm. *hᵃbay* "vanité, néant", ARAM. targ. *hōbaʾy* "désolation, désert" -2. ETH. g. *hobāy*, te. *hobay* "milan", tna. *həbäy sämay* : grand oiseau, sorte de faucon. -3. g. *hobāy* : grand singe, te. *habäy*, *humbay* "babouin, singe", tna. *həbäy* "singe", amh. *eba* "singe, cri du singe". -4. tna. *habayä* "frapper à coups répétés, battre fort (pluie)", *hobay bälä* "frapper". -5. AR. soud. *habā* "se refroidir". -6. tchad. *habīye* "piège, trou recouvert pour y faire tomber des animaux". -7. AR. *habī* : mot par lequel on fait reculer le cheval, SAR. mh. *hībə-hībay* : cri pour appeler les vaches ou les chameaux à boire, ETH. tna. *hobäy*, *hobäyä* : exclamation de surprise, de dédain, de plaisir. ¶. -1. comparer BHW/Y, HBL; voir les renvois sous -HB- : notion de "souffle" ?. -2.-3. V. LESLAU, CDG 214. Emprunt couchitique, voir ci-dessous. Pour le nom du "singe" en tigré, MUNZINGER 10 fournit *ḥabäy* (*ḥ* !). -4. Voir les références sous -HB-. -5. QLS 1174. -6. ROTH-LALY, LPAT 507 (d'après Lethem). Voir sous HBHB. -7. voir les renvois sous -HB-. ¶¶. 3. En couchitique : saho, ʿafar *habub*, *habubbā* : grand singe, *habū* : cri du singe. Il pourrait s'agir d'onomatopées imitant le cri des animaux, LESLAU, CDG 214. -7. Aussi couchitique somali *hobayá* : cri pour inciter les animaux à s'abreuver.

HBYḪ, voir sous HBḪ.

HBK, 1. AR. *hubakat-* "sol tendre, fondrière", *ʾinhabaka* "céder sous les pieds (sol)". **-2.** *hubakat-* "sot, stupide". **-3.** SAR. soq. *hbk* "lancer en bas". **-4.** AR. ḍof. *hēbek*, mh. *həbūk*, jib. *hiók* : nom d'arbre. **¶. 1.** Rapport avec HBḪ, v. s. ? **-2.** Comparer HBḪ, HBNK, HBNQ et voir les renvois sous -HB-. **-3.** Racine liée à ʾBK, ʾ/HPK, v.s.; V. aussi BROCKELMANN, GVG I/166, LESLAU LS 140.

HBL, 1. CAN. h. *hẹbẹl* "souffle de vent; néant, vanité", nh. *hehbīl* "être affecté par la chaleur, commencer à transpirer", ARAM. targ. *hᵃbal* "faire des choses vaines", pal. *hablā* "vapeur", syr. *heblā* "poussière", mand. *habla* "souffle, vapeur", AR. *hablat-* "vapeur", *tahabbala* "prendre un bain de vapeur", *habl-* "ruse, astuce", *ʾihtabala* "intriguer, se montrer faux, trompeur", ? ETH. te. *habbälä* "bouillonner, bruire; jacasser", ? *habobälä* "devenir violent (tempête)", tna. *habəbla*, amh. *ambälay* "tempête violente" **-2.** AR. *ʾahbala* "se dépêcher", *habil-* "léger à la course (chameau)". **-3.** AR. *hibil-* "âgé et gros", *habīl-*, *ʾahbal-* "pauvre d'esprit, idiot, imbécile", ég. *habal* "rendre fou", magh. *hbal* "devenir fou", *mahbūl* "stupide, fou", SAR. jib. *hobul* "grand, gras et stupide". ? ETH. g. *hababāli* "dissolu, lascif, adultère". **-4.** *habila* "perdre un fils (femme)"; ETH. te. *həbal* "chants funéraires".**-5.** *habbala* "gagner la vie des siens", ? hisp. *ahtabal* "prendre soin de, soigner", ? ég. *habal* : art du rebouteux. **-6.** AR. maraz. *hābel* "qui donne beaucoup, luxuriant (arbre)". **-7.** ETH. te. *hablä* "errer, voyager loin", *məhbal* "lieu de repos". **-8.** AR. *mahbil* "orifice de l'utérus, vagin", ég. *mihbal* "vagin". **-9.** SAR. mh. *həbūl*, jib. *hōl* "saillir une vache (taureau)", mh. *həbūl* "se disperser dans une vallée (animaux)". **¶** voir aussi **ʾ/hib(i)l* s. ʾBL. **-1.** V. SEYBOLD, TWAT II/334; arabe *hablat-* "vapeur" < araméen ? Pour l'éthiopien, MAGGIORA 2, WAJNBERG, ORIENTALIA 6 (1937) 187, WTS 15, LESLAU, N. ETH. 33. **-1. -2.** voir les renvois sous -HB-. **-3.** Comparer sous BHL, HBLN et voir les renvois sous -HB-; voir aussi sous HBLL. **-4.** voir références et discussion sous ʾBL. **-5.** Pour l'hispanique, VOCABULISTA 314. **-6.** BORIS 635, peut-être métaphorique, en rapport avec -3. - Voir aussi ʾBL. **-9.** Mehri *həbūl* (2ème sens), langage poétique. - voir sous HBŚ. **¶¶. -7.** Couch. : comp. somali *habaáb-* "errer".

HBLBL, 1. ETH. te. *habälbälä* "rouler des yeux". -?2. "être fatigué, épuisé". -3. tna. *habälbäl bälä* "jeter des flammes". **-4.** "venir en courant". ¶. 1. -2. Comparer HBL. -3. **-4.** v. les références s. -HB-. **-4.** v. HBL.

HBLY, ETH. g. *hablaya* "ridiculiser, se moquer", te. *hobəlle gä'a* "descendre". ¶. CDG 214 compare tna. *ḥabläyä* "tromper par une farce"; v. HWLY. Aussi HBL ?

HBLL, 1. AR. *hibill-*, *hiball-* "grand de taille, lourd", *hibillā(y)* "démarche fière, orgueilleuse". -2. ég. *habullī* "complètement désordonné". -3. SAR. mh. *həbīlūl*, jib. *ənhibel* "s'allonger (ombres)", couler (larmes)". **-4.** ETH. te. *hablälä* "crier". ¶. 1. - 2. v. s. HBL et -HB-.

HBLN, AR. oriental *hablan* "taxer qn de stupidité". ¶. FRAY. 187, v. BHL, HBL, HBLN et les renvois s. -HB-.

HBLS, AR. *hiblis-*, *hiblīs-* "individu, personne".

HBLƐ, AR. *haballaε-*, *hiblāε-* "vorace, glouton"; soud. *hibliε* "diffamateur, médisant, qui parle trop et trop vite". ¶. < BLƐ. - V. QLS 1173.

HBN, 1. AR. ʿom. *hibbān*, SAR. jib. *həbban* "sac de cuir", ḥars. *hebbān* "sac fait de fibres de palmier". -2. ETH. te. *habän* : jeu d'enfants. ¶¶ Sur oug. *hbn* dans une liste de denrées, v. s. 'BNS.

HBNK, 1. AR. *habannak-* "sot, imbécile; intrigant"; *habannakat-* "lâche, paresseux". -2. *habannak-* : dune peu tassée, où le pied s'enfonce. ¶. 1. v. HBḪ, HBK, HBNQ et les renvois s. -HB-. -2. v. HBK.

HBNQ, 1. AR. *habnuq-*, *habnūq-* "jeune domestique", *habannaq-* "petit de taille; sot, stupide". -2. *habnūqat-* "flûte à jouer". ¶. 1. v. HBḪ, HBK, HBNK et les renvois s. -HB-.

HBS, AR. *habasa (εalā)* "fondre sur, attaquer", daṯ. *habas* "faire vite, marcher vite", *hubays !* "vite !". ¶. DOZY II/744, LANDBERG, GL. DAṮ. 2844.

HBƐ, 1. AR. *habaεa* "marcher en allongeant le cou; se ruer sur"; magh. *hbaε* "aller au petit galop, trotter". -2. AR. *hubaε-* "ânon nouveau-né, chamelon né après la saison de l'élevage, né en été". ¶. **1.** Comp. HB; v. s. HB. **-2.** Lane 3041, Dozy II/744.

HBG, 1. AR. *habaġa* "dormir". **-2.** SAR. mh. *hēbəġ*, ḥars. *habġ* : nom d'une plante. ¶. **-2.** v. aussi ŠBG. Il existe une variante *hēbeḳ* au Ḍofar.

HBṢ, AR. *habiṣa* "être vif, adroit, dégourdi; tressaillir d'avidité", dat. *habiṣ* "s'empresser, précéder", liban. *habaṣ (εalā)* "s'emparer de, s'approprier de" ¶. Causatif en *ha-* de *bāṣa* (v. BWṢ) ? Brock. GVG I/521; "amplification" de *habba* (v. HBB2) ? GL. DAT. 2845. Pour le liban. V. Fray. 187. - Comp. HBDB, HBḎ, HḎB ?

HBQ, 1. AR. syrien *habbaq* "parler beaucoup, hâbler". **-2.** soud. *hābiq* "qui se meut avec lenteur". ¶. **1.** Barthélemy 862. **-2.** QLS 1173. ¶¶. **2.** Berb. tamacheq *hebeqqet* "s'asseoir lourdement" ? Fouc. 507.

HBQE, AR. *habqaε-* "court, trapu", *habanqaε-* "fier, orgueilleux, sot", *habanqaεat-* "chameau qui a les lèvres pendantes; "station accroupie".

HBR, 1. OUG. *hbr* "s'incliner", CAN. h. *hōbrē* (part. pl.) "ceux qui s'inclinent devant", AR. *habr-*, *habīr-* "terrain encaissé". **-2.** AR. *habara* "couper en morceaux, déchirer (viande)", *habira* "être charnu", *habr-*, *habrat-* "morceau de chair, viande désossée"; *habīr-* : parties naturelles de la femme; ég. *habar* "mordre dans; donner un coup". **-3.** *hābara* "se débattre, s'agiter beaucoup", ég. *hābir* "bricoler; se donner du mal", magh. *hbar* "travailler sans relâche", ?ETH. te. *habbärä* "effrayer, exciter", tna. "être présomptueux, fier". **-4.** CAN. nh. *habīr* "sombre, triste", ARAM. targ. *habrā*, *hᵃbīrā* "vapeur, brouillard, obscurité", talm. *hᵃbarah* "bruit confus, rumeur". **-5.** AR. *hubr-* "pépin de raisin", *habbūr-* "petite fourmi, atome, parcelle", *habūr-* "araignée", *hibriyat-* "pellicules, flocon de coton". **-6.** *habr-* "poulpe". **-7.** *hawbar-* "guépard", *hubayrat-* "hyène", *habbār-* : singe très velu. **-8.** ETH. te. *habar* (pl.) "troupeaux". ¶. Pour cette racine en araméen targumique au sens d'"obscurité", v. ḤBR. - L'hébreu *habrāʾāh*, araméen *hōbrāyā*, *hobrāyāy* est à rattacher à BR'. - Le sudarabique soqotri (Leslau LS 140) *(i)hébir* "sève" est à transcrire *hʸebir* et relève, ainsi que le montrent les formes correspondantes dans les autres dialectes, de la racine ŠBR, v. s. **-1.** L'hébreu, dans la locution *hōbrē šāmāyīm* (Isaïe 47/13) désignant des "astrologues". V. J.Blau, VT 7, 1957, 183, E.Ullendorff, JSS 7, 1962, 339, F.Renfroe, AULS 42. **-3.**

LESLAU, CDG 256 : le verbe tigrigna signifiant "être présomptueux" est rattaché étymologiquement à g. *ḫabala* "avec alternance de liquides et *h* pour *ḥ*)". v. s. ḪBL et les renvois s. -HB-. **-4.** v. aussi s. ḤBR et les renvois s. -HB-. **¶¶. -2.** Rapport avec couch. som. *hilib* "viande", V. M.C. ESSAI, 96 (n°88). - Berb. kab. *əhbər* "enfoncer ses dents, mordre", DKF 286. **-3.** Berb. to. *həbərbər* "frapper à coups redoublés" ? Comp. aussi to. *həbərḍəl* "se débattre"; rac. augmentée ? croisement de rac. ? **-4.** ? Couch. som. *hábàar*, ʿaf., sa., oromo *abār* "malédiction, juron".

HBRG, 1. AR *habraǧa* "marcher sur un terrain inégal". **-2.** "orner de dessins", *habraǧ-* : étoffe à dessins. **3.** "taureau". **-4.** *hibriǧ-* "gros et corpulent". **-5.** *habraǧa* "bredouiller", syrien *habraǧ* "faire le plaisant, le jovial". **-6.** *habrūž* "gros morceau de viande". **¶. 1.** v. HBRS. **2.** v. BHRG. **-4.** v. HBK, HBL, HBLL. **-5.** V. DOZY II/477, BARTHÉLEMY 862 : "dissimilation de *habbaǧ* ou de *habbaš* égratigner". **-6.** FRAY. 187. v. HBR.

HBRZ, AR. *hibriziyy-* "beau, élégant, fort, ferme".

HBRK, AR. *habrak-* "parvenu à son développement, adulte".

HBRM, 1. AR. *habrama* "manger, parler beaucoup". **-2.** soud. *habarīm* : vent du Nord. **-3.** ETH. te. *habräm* : cri de guerre, tna. *habrämä* "être vaillant", *habrom* "intrépide". **¶. 2.** En certaines régions *hambarīb*, QLS 1172. **-2. -3.** v. s. -HB-.

HBRS, AR. *tahabrasa* "marcher avec orgueil"; **¶.** v. BHRG, HBRG.

HBRQ, AR. *hibraqiyy-* "forgeron, orfèvre".

HBRT, ETH. g. *habrata* "trembler de peur". **¶.** v. LESLAU, CDG 214. Comparer HRBD.

HBŚ, 1. AR. *habaša* "ramasser, réunir, gagner la vie des siens", *hubāšat-* "ramassis de gens et de bestiaux de toute sorte", SAR. ḥars. *hebōś* "embrasser", dat. *habaš* "prendre avec les deux mains, ramasser", ḍof. "se saisir de", soud. *habaš* "chercher, toucher en examinant", *habbaš* "enquêter", orient. *habaš* "arracher avec ses dents et emporter", magh. *hbəš* "attirer, tirer à soi; s'égailler, marcher la nuit (troupeau)", *habbāš* "travailleur, laborieux", SAR. mh. *hebōś* "ramper", jib. *hōś* "s'égailler (troupeaux)", mh. *həbśēt*, *həbšēt* "foule, grande quantité", jib. *habśắt* "confusion, bruits confus"; ? AR. *habaša*, orient. *habbaš* "égratigner". -?2. AR. iraq. *habbaš* "parler sans réfléchir, dire des choses vaines", soud. *hibbīš* "propos vides, stupides", daṯ. *habš* "vil, méprisable", magh. alg. *habši* "rustre". -3. AR. *habaša* "frapper, faire mal", *mahbūš* "frappé, atteint par un djinn", iraq. *habbaš* "monder, nettoyer (riz, etc.), moudre", daṯ. *mihbāš*, orient. *məhbāš* "mortier (pour le café)", liban. : cuiller servant à remuer le café dans le brûloir. ¶. Comparer BHŚ, HBG, ḤBŚ. V. Landberg, gl. daṯ. 2844, Barthélemy 862, Denizeau 536; Dalman, asp VI/115; Dozy II/744, dia 476, qls 1172, Roth-Laly, lpat 507 (d'après Hillelson). *habaša* < *bāša* (v. BWŠ) ? V. Brockelmann, gvg I/521. -2. Voir la note s. HBṮ ainsi que HNBṮ. -3. v. HBG et les renvois s. -HB-.

HBT, AR. *habata* "frapper, abattre; abaisser, avilir", *habtat-* "faiblesse d'esprit". ¶. V. Lane 2874. - Voir les renvois sous -HB-. ¶¶. Pour l'éthiopien *habt* et d'autres formes ayant la valeur "donner" ou similaire, voir sous WHB.

HBTL, AR. ég. *habtall-*, soud. *habtaly* "fait d'être gros et grand", marāz. *ihabtel* (inacc.) "rendre grossier", *mhabtel* "lourdaud", *mhabetla* "(chèvre) aux chairs molles". ¶. V. qls 1170, Boris 634. < HBL (v.s.). v. les renvois s. -HB-.

HBTM, ETH. tna. *habtämä* "devenir riche". ¶. Dénominatif fondé sur la forme *habt*, qui relève elle-même de WHB, v. s..

HBṮ, AR. *habaṯa* "dilapider, gaspiller". ¶. V. Lane 2875. Sur un élargissement de la racine par insertion de *n*, v. HNBṮ.

-HG-, A. Une base radicale HG a été étoffée de diverses manières dans des racines exprimant des bruits, surtout - mais pas seulement - des sons émis à voix basse, des murmures, etc., par redoublement total (HGHG), par gémination de la troisième radicale (HGG), par adjonction de ' final (HG'), d'une semi-voyelle (HGW, HGY), d'une liquide (HGL, HGR); on relève aussi, avec des valeurs analogues et la même séquence, des racines à dernière radicale sifflante (HGZ, HGS, HGRS). - Voir aussi sous HG'/W/Y. - B. Plusieurs racines, dont certaines des précédentes, comportent la séquence consonantique HG et nomment la notion de "sottise, stupidité", voir 'HG, HG', HGG, HGHG, HGL, HGƐ, HGRƐ, HWG,

HLBG. Mais voir aussi sous -HB- (en particulier *NB*). - Plusieurs autres rencontres de racines sont signalées sous les entrées concernées. **¶. A.** V. GOLDZIHER, ABH. I, 27-69; NÖLDEKE, WZKM 10/339.

HG, ETH. te. *həg wäda* "être étonné, perplexe". **¶.** D'après liste lexicale de Sundstörm, V. WTS 27.

HGʾ, 1. AR. *hağaʾa* "être calmée (faim); manger son content, dévorer", *hağiʾa* "devenir très violente (faim)", yém. *hağaʾ* "survenir inopinément". **-2.** clas. *huğaʾat-* "sot, stupide". **¶. 1.** Pour le yém., ḤAB. 93, 95; comp. HGM, HGS. **-2.** v. les renvois s. -HG-. **¶¶. 1.** Berbère Ouargla *ahəg, yuhəg* "manger trop et trop vite", Voir BIARNAY, DIALECTE DE OUARGLA 34 .

HGʾ/W/Y, OUG. *hg* "nombre, compte", CAN. h. *hāgā* "roucouler (colombe), gronder (lion), murmurer, parler à mi-voix", *higgāyōn* "parole, murmure, sonorité", nh. *hāgā*, ARAM. anc. *hgy* "faire du bruit", targ. syr. *h^e^gā*, mand. *hga* "méditer, penser, lire, prononcer", syr. *h^e^gāyā* "gémissement", *hegyānā* "méditation, lecture syllabique", mand. *hugīana* "lettre, syllabe", AR. *hağā* "lire en murmurant, épeler", *haǧǧā*, *tahaǧǧaʾa* "épeler", *tahaǧǧiʾ-*, *tahaǧǧī-* "épellation", ETH. te. *tähaga* "parler", *həgya*, *higa* "discours, langage". **¶.** Sur le rapport de sens entre la forme ougaritique (*Keret* 91) et les autres, V. GORDON, UT 389 (h. *hgh*, arabe *haǧǧā* "compter les lettres d'un mot, épeler"). Sur *higgāyōn* comme terme de musique inexpliqué, V. MOWINCKEL, PS. ST. IV/9, DRIVER, SW 90 n. 3, EERDMANS, OTS. 4/79. L'araméen ancien dans DEIR ALLA 7; v. HGG. - v. les renvois s. HG.

HGB, 1. AR. *hağaba* "pousser, faire marcher devant soi; frapper avec un bâton"; **-2.** tchad. *hağab* "garder". **-3.** ETH. tna. *hag^w^aba* "incliner, pencher; se courber". **¶. -2.** ROTH-LALY, LPAT 508 (d'ap. Lethem). Comparer ḤGB.

HGG, 1. CAN. h. **hāgīg* "plainte", ARAM. syr. *heg^e^ge*, mand. *hgaga* "illusions". **-2.** AR. *haǧǧa* "flamber (flamme)", *hağīǧ-* "ardeur du feu", soud. *haǧǧaǧ* "crépitement du feu; tumulte", *haǧǧ*, *hağāǧ* "éventail", SAR. jib. *ähgég* "faire une grande lueur de flamme, un grand éclair", tna. *hagägä* "envoyer une grande bouffée d'odeur, sentir fort, fumer (feu)". **-3.** AR. *haǧǧa* "se sauver, s'évader", *haǧǧaǧa* "chasser, renvoyer, bannir", *ʾihtaǧǧa* "sortir des limites; s'entêter", *ʾistahaǧǧa* "n'en faire qu'à sa tête", *hiǧāǧ-* "vie vagabonde", *haǧǧāǧ-* "rapide (marche)", dial. *haǧǧ* "s'enfuir, émigrer; s'en aller, disparaître, partir à fond de train", ? marāz. *hažawži* "qui ne regarde pas à la dépense (pour lui et pour autrui)". SAR. jib. *hegg* "détaler; être distrait, errer sans but", ETH. te. *hagäg belä* "emporter". **-4.** AR. *haǧǧa* "être enfoncé dans l'orbite (oeil, à cause de la fatigue, de la faim, etc.)", *haǧīǧ-* "vallée profonde"; ? magh. *haǧīǧ* (*al-nūm*) "profond (sommeil)". **-5.** AR. *haǧāǧat-* "sot, stupide". **-6.** *haǧǧ-* "joug". **-7.** "poussière qui couvre tout". **-8.** *haǧǧa* "démolir", ETH. te. *haggä* "tomber, périr", *hagägä* "détruire". **-9.** tna. *həgʷgʷa* "voisin, parent". **-10.** *hagägä* "devenir riche". **¶. 1.** v. les renvois s. -HG-; tna. d'ap. MHRT. **-1. -2.** Pour l'akk. *agāgu(m)* "être courroucé, irrité", rapproché interrogativement de cette racine, pour ces valeurs, AHW 14, v. s. ʾGG. **-2.** v. aussi ʾGG. **-3.** Comp. HGHG, HGWL, HGY, HGR. V. GL. DAT. 2848. VOLLERS ZDMG 58/232 : *hgg* < *hgr*, FAGNAN 179, QLS 1175, BARTHÉLEMY 863, BORIS 637, WORTABET 723. **-4.** v. HGʾ, HGG, HGY, HGM; V. LANE 2878, BEAUSS. 1018. **-5.** v. les renvois s. -HG-. **-7.** v. aussi ƐGG. **¶¶. 1.** Couch. som. *hoog-o-* "s'affliger, être triste", *hoogo* "hélas !", isaq *hôog* "peine", sid. *hog* "être privé", kam. *hog-* "être triste, anxieux", had. *hoog-* "être faible, fatigué" alaba *hoogutto* "travail"; rapprochement proposé interrogativement par DOLGOPOL'SKIJ 268. **-2.** Berb. Ghadamès *aḃəg̣* "être allumé (feu)"; sur *ḃ* < *h* à Ghad. V. PRASSE H, 5; pour *g̣* berb. correspondant à *g* sém., COHEN ESSAI 118. Comp. Ghad. *ahaggag* "tonnerre" ? **-4.** Couch. béd. *hog* "terrain en pente; descendre d'une hauteur".

HGD, AR. *haǧada* "dormir; veiller, s'éveiller", *tahaǧǧada* "veiller, passer la nuit à prier". **¶.** V. NÖLD. NBSS 86, GL. DAT. 2848.

HGHG, 1. AR. *haǧhaǧa* "stimuler un chameau à la marche ou effrayer, repousser un chien, une bête de proie, etc., en criant *hīǧ*, crier, pousser des cris (chameau en rut)", *tahaǧhaǧat* "être sur le point de mettre bas (chamelle)". **-2.** *haǧhaǧ-* "sol dur et stérile". **-3.** *haǧhāǧ-* "peureux, sot, injuste; grand, long", magh. *haǧhūǧ* "colosse, gigantesque (homme)". **-4.** *haǧhaǧ* "tomber sur quelqu'un en le couvrant" **-5.** ETH. tna. *hagʷəhagʷä* "frapper à plusieurs reprises", ? *hagʷəhagʷ* "faible, débile sous une apparence florissante". **-6.** SAR. mh. *ənhəghūg* "être distrait, préoccupé". **¶. 1.** V. LANE 2878. Comparer les racines sous HGG. **-3.** Voir les renvois sous -HG-. **-3. -4.** Pour le maghrébin, V. BEAUSSIER 1019. **-5.** CS 62. **-6.** Comparer HGG. **¶¶. 1.** Comparer le couchitique somali *haghágo* "bégaiement" ?

HGW, 1. AR. *hağā* "censurer, déprécier, satiriser", *hiğā*ʾ- "satire". **-2.** *hağuwa* "être très chaud (jour d'été)", yém. *hağwa* "nuage, brume", *hağā*, *hağawa* "se couvrir de nuages", SAR. jib. *hagə́tə* "brume de chaleur". **-?3.** mh. *hagú* "saisir". **¶. Voir** HG'/W/Y. **-1.** Comparer HGL, HGN. **-2.** V. AL-SELWI 212, MÜLLER WURZELN 109. **-3.** Il s'agit sans doute d'une confusion avec ḤGW, ainsi que l'indique BITTNER. **¶¶. -2.** Couchitique bédja *hagi* "passer le temps chaud", *məhagay* "saison chaude"; ? saho *hagag*, bilin *hag*ʷ*ag* "se dessécher".

HGWZ, ETH. g. *hagwaza* "produire de la lumière". **¶.** Erreur pour *hanwaza* ?, CDG 216.

HGWL, AR. syrien *hağwal* "condamner à une vie errante, persécuter". **¶.** BARTHÉLEMY 864. Comp. HGG, HGY, HGL, HGR.

HGZ, AR. *hağaza* "parler en cachette ou tout bas". **¶.** v. s. -HG- ?

HGY, 1. CAN. h. *hāgāh* "écarter, éloigner". **-2.** AR. *hağā* "être à découvert de manière qu'on puisse voir à l'intérieur (tente p. e.)". **-3.** "être enfoncé dans l'orbite (oeil, à cause de la fatigue, de la faim, etc.)". **-4.** soud. *hağā* "réjouir", magh. *h*ᵉ*žé* "contenter, satisfaire, combler", ? SAR. soq. *hege* "être florissant". **-5.** ETH. amh. *hage* "coton". **¶.** Voir sous HG'/W/Y. **-1.** Voir HGG, HGWL. **-2.** Voir HG', HGG, HGY, HGM. **-3.** Voir sous HGG, HGM. **-4.** QLS 1178, MARÇAIS, TAKROÛNA 4148, LS 141. **-5.** Gondar, BAETEMAN 2.

HGL, 1. AR. *hağala* "jeter", *hağğala* "injurier", *hāğala* "rivaliser". **-?2.** AR. *ʾahğala* "perdre ses biens", ETH. g. *hag*ʷ*la* "périr, être perdu", *hag*ʷ*ala* "détruire", amh. *ʾag*ʷ*ulala* "maltraiter, tirailler". **-?3.** AR. *hawğal-* "nuit très longue, désert sans repère". **-4.** *hağl-* : plaine déprimée entre les montagnes, *ʾahğala* "élargir, dilater; "laisser errer en liberté ses chameaux", *hāğala* "suivre la plaine"; SAR. *hgl* : voyage en plaine. **-5.** AR. *hağala* "jouer de la prunelle, faire de l'oeil". **-6.** AR. *hağğāl-* "veuf, divorcé", *hağūl-* "fornicatrice, adultère", *hawğal-* "prostituée". **-7.** *hawğala* "dormir", *hāğil-* "qui dort". **-8.** *hawğal-* "grand, long et bête; qui agit avec précipitation". **-9.** sorte de bateau, "ancre (d'un navire)". **-10.** dat. *hağal* "chanter des chants de marche", yém. *hağīl* "son, intonation". **¶. 1.** Comparer HGN ?. **-3.** Selon NÖLDEKE, BEITRÄGE ZUR KENNTNIS DER POESIE DER ALTEN ARABER, Hanovre 1864, 218, ancien élatif en *hafεal* de racine WGL (v. s. =) "effrayant", sens inconnu des lexicographes arabes, v. FISCHER, FARB. 207. **-4.** Pour le sudarabique, V. J. RYCKMANS, BIOR 14 (1957) 93. Comp. aussi ḤGL et ḪGL. V. CDG 215. **-8.** v. s. -HG- ? **-9.** V. LANE 3041; aussi VYCICHL, DELC 319 avec discussion étymologique. **-10.** LANDBERG, GL. DAT. 2851, ḤAB. 95 et PIAMENTA 505. ¶¶. **-2.** LESLAU, CDG 215 : aussi en couchitique khamta *akʷel* "disparaître".

HGLB, AR. soud. *hağlūbat-* "vieille prostituée". ¶. QLS 1177. - v. s. HGL.

HGM, 1. ARAM. syr. *hᵉgam* "renverser", *hᵉgūmyā* "destruction", mand. *higma* "tumulte, bruit, querelle", AR. *hağama* "attaquer, surprendre; s'écrouler (édifice)", soud. *hağam* "accuser qn d'une grave faute", SAR. mh. *həgūm,* ḥars. *hegōm,* jib. *hógúm* "attaquer". **-2.** AR. *hağama* "tirer (lait du pis), exsuder", *ʾinhağama,* saf. *nhgm* "verser des larmes". **-3.** AR. *hağama* "se calmer, s'apaiser, cesser (maladie)". **-4.** *hağīm-* "pauvre". **-5.** *hağama* "être enfoncé dans l'orbite (oeil, à cause de la fatigue, de la faim, etc.)". **-6.** *hayğamānat-* : grosse perle, araignée. **-7.** magh. *haǧǧām* "bâfreur, gourmand". **-8.** marāz. *hžem* "se putréfier (eau)", "mûrir tous ensemble (fruits d'un arbre)". **-9.** ETH. te. *haggam* "tesson", *hagmä* "ébrécher". **-10.** tna. *haggäm däggäm bälä* "chercher de tous côtés, farfouiller". ¶. **1.** Comp. HGʾ, HGG, HGM, HGS (et HDM); aussi HGW, HGL ?. - Pour l'arabe soudanais, QLS 1177. **-4.** FAGNAN 180. **-5.** Voir HGʾ, HGG, HGY. **-7.** V. BORIS 637. ¶¶. **1.** Comparer berbère touareg *həngəmmət* (avec *-ət* suffixe) "faire entendre le son particulier au bélier dans le rut", "pousser un sourd hennissement de plaisir", FOUCAULD, 617.

HGN, 1. CAN. nh. *hāgūn,* ARAM. jp. *hōgān, hāgūn,* targ. *mᵉhaggan* "approprié, convenable". **-2.** AR. *hağuna* "être incorrect, défectueux, erroné", *hağğana* "écorcher, dénigrer", *hağīn-* "bâtard de basse origine", hisp. *hažan* "être de classe inférieure", *hažžan* "tenir pour vil", ? SAR. sab. *hgn* : titre de nature sociale. **-3.** ARAM. targ. *hōgānāʾ,* syr. *hūgnā* "dromadaire", AR. *hağīn-,* ETH. te. *hağin* "chameau de monte". **-4.** AR. orient. *hağna* "objet rare et précieux". **-5.** CAN. nh. *h/ʾōgen,* ARAM. talm. *ʾōgen* "bord d'un vase". **-6.** AR. druze *hžaniyya* (pluriel) : lignes magiques. **-7.** ETH. te. *haǧǧänä* "marcher sans cesse; lire." **-8.** *tähaggänä* "garder toujours en vue, avoir des visions", *hagayn* "étourdissement, délire". ¶. **1.** En hébreu, une forme féminine *hᵃgīnā* dans Ez. 42 : 12 (hapax) est parfois rapprochée de ces mots (avec le sens "qui correspond à"), V. BDB 212; contre = "mur de protection"

< **ginnāh*" (V. HAL 182, avec références). **-2.** Hispanique : VOCABULISTA, GLOS. LEYDE. Pour le sudarabique sabéen, DIC. SAB. 56. **-3.** D'après NÖLDEKE, SWAW 126/XII (1892) 43, emprunt au grec εὐγενής et distinct de 2 ("de basse origine"). V. aussi FISCHER, FARB. 341. - AR. : *hağinat-* "chameau de course", WEHR 1020; selon les dialectes, *hağin* est un dromadaire de monte ou de course, comparer QLS, SPIRO, BORIS, BEAUSSIER, BARTHÉLEMY; pour le tigré, WTS 27. **-5.** JASTROW 337, v. 'GN. **-6.** SAARISELO, SONGS OF THE DRUZES, Helsinki, 1932, DENIZEAU 537. **-7.** WTS 27; ici ou s. HDN ? Rapport avec *hağin* "chameau", voir ci-dessus ? Pour le sens de "lire", voir HG'/W/Y. **-8.** Voir HGṢ, HGR. **¶¶. -2.** Berbère kabyle *həžžən* "importuner, agacer, gêner", DALLET, DKF 289; mais voir sous /h/, le statut de /h/ dans les différentes langues berbères.

HGNH, ETH. g. *hagināh* "séparé, disjoint". **¶.** MAGGIORA 7, d'ap. TAYYE.

HGNƐ, AR. *hagannaɛ-* "long et gros; vieillard chauve; né pendant les grandes chaleurs (chamelon)". **¶.** V. KAZIMIRSKI 1396.

HGS, 1. AR. *hağasa* "se présenter à l'esprit; arriver brusquement", *hağs-*, *hāğis-* "pensée, idée", *mahğūs-* "ambigu, douteux, compliqué", *hağas-* "paroles dites à voix basse, sons qu'on entend et qu'on ne comprend pas", ḍof. *hağés* "éprouver un sentiment; méditer", soud. *hağas* "être content", SAR. mh. *həgūs*, ḥars. *hegōs*, jib. *hogós* "réfléchir, penser", mh. ḥars. *hags*, jib. *hogs* "pensée, idée". **-2.** AR. *hağasa* "détourner qn de", *'inhağasa* "s'abstenir de". **-3.** *hağīsat-* "lait gâté dans une outre", *mutahağğis-* "non fermenté, azyme (pain)". **¶. 1.** Pour les formes dialectales, V. RHODOKANAKIS, ḌOFAR II/61, QLS 1176; voir. HG', HGM, HGṢ; aussi HSG. - v. s. -HG- ?. **-3.** KAZIMIRSKI, 1392.

HGƐ, AR. *hağaɛa* "dormir; être calmé, apaisé (faim); être sot", *hağīɛ-* "partie de la nuit". **¶.** v. s. -HG-.

HGƐM, AR. *hağɛamat-* "bravoure et force". **¶** KAZ. 1393.

HGP, 1. AR. *hağifa* "avoir faim; avoir un ventre lâche et flasque; être livré au désordre (pays)", *hiğaf-* "qui a un gros ventre; gros, lourdaud, difforme". **-2.** *hiğfat-* "pays humide". **-3.** ETH. te. *hagäf belä* "glisser (terre)", *haggäfä* "tomber à terre". **-4.** tna. *hagäf bälä* "sentir bon ou mauvais, exhaler une odeur pénétrante".

HGṢ, AR. égypt. *hagaṣ* "dire ou faire quelque chose d'inepte, se vanter", subst. "méchanceté, brutalité", soud. *haǧǧāṣ* "qui dit des choses sans intérêt". ¶. WEHR, SPIRO, QLS 1176 qui fait dériver du clas. *haǧas-* : sons faibles qu'on perçoit mais qu'on ne comprend pas, v. s. HGS; aussi HDS.

HGR, **1.** *haǧara* "rompre avec, s'éloigner de, abandonner; bouder qn, cesser de lui parler" ", *hiǧrat-* "rupture, séparation; départ, émigration", marāz. *mahžaṛ* "endroit isolé, lieu dont il n'y a aucun avantage à tirer", hisp. *hažar* "détester", SAR. mh. *hōgər*, jib. *hogór* "émigrer". **-2.** AR. *haǧr-*, *haǧīrat-* "milieu du jour, le plus fort de la chaleur", hisp. *hāžira* "heure de la sieste", SAR. mh. *hēgər* "faire chaud à midi", jib. *hógər* "midi". **-3.** ARAM. syr. *h*ᵉ*gar*, *ʾahgar* "devenir musulman", *mahg*ᵉ*rā*, *mahg*ᵉ*rāyā* "musulman". **-4.** AR. *haǧara* "être pur, sans mélange", *huǧr-* "excellent, noble et distingué (homme)", *haǧǧīr-* "coutume, manière". **-5.** *hāǧirat-* "langage indécent", *haǧara* "délirer, radoter", daṯ. *haǧar* "parler haut". **-6.** AR *hiǧār-* "corde de l'arc, corde avec laquelle on rattache le pied du chameau à la sangle, chaîne portée au cou", daṯ. *haǧǧar* "lier les pieds de devant d'un chameau", soud. *haǧar* "entraver et forcer à s'asseoir (chameau)", *mahǧar* "vol (en particulier de vaches ou de chameaux)", marāz. *h*ᵃ*žaṛ* "mettre l'entrave (à un chameau, cheval, âne en rut)", magh. *hǧar* "faire violemment, avec excès", **-7.** AR. yém. *hagar* : ruines d'une ville antique, *hiǧreh* "enclave protégée", SAR. *hgr* "ville", ETH. g. *hagar* "ville, village, province, pays", *hagarit* "ville, citadins", te. tna. *hagär*, "région habitée, cité, village", amh. Choa, gour. *agär* "terre, pays"; ? AR magh. *mahǧar* "chemin, rue très fréquentée, animée". **-8.** AR. magh. *hǧar* "vider, nettoyer une fosse". **-9.** ETH. te. *hagrä* "creuser un trou", *hagärä* "manquer, attendre". **-10.** g. *həg*ʷ*re*, *higore*, *hegore* "vermillon, couleur rouge", te. *haggärä* "teindre en rouge". **-11.** AR. soud. *haǧǧarat* "sorte de durra de qualité inférieure". **-12.** SAR. mh. *həgūr* "acheter de la nourriture pour sa famille". ¶. Sur la variété des sens, V. NÖLDEKE, NBSS 75 n. 5. **1.** LANE 2879, FAGNAN 179, VOCABULISTA 314. **-3.** < Hagar, mère d'Ismaël, V. BROCKELMANN, LEX. 171. **-5.** LANDBERG, GLOSS. DAṮ. 2849. **-6.** IBID. V. aussi QLS 1175, BORIS 637. **-7.** Yéménite : par opposition à ruines récentes = *ḫariba*, CONTI ROSSINI, CHREST. SAR. 131; la forme maghrébine est signalée pour Constantine par LENTIN 297 qui suggère interrogativement un usage antiphrastique, mais les valeurs sudarabique et éthiopienne suffisent à expliquer l'emploi maghrébin; pour l'éthiopien, GUIDI, 502, LESLAU, EDG III/26. **-8.** BEAUSSIER 1018.

Comparer arabe classique *ǧahara* "curer un puits" (O.B.). **-10.** LESLAU, CDG 216. **-11.** QLS 1176. **¶¶. 1.** Faut-il comparer berbère Ouargla *aggur* "marcher", Nefousa *agər*, *agur* "s'en aller", tamazight *gurr* "aller, partir, marcher" ? Pour la correspondance *h* : *Ø*, V. M. COHEN, ESSAI 96, PRASSE H, 5. **-7.** M.COHEN, ESSAI 77 proposant de voir dans HGR avec cette valeur, une variante méridionale de ʾKL (v. s.), rapproche d'égyptien *ʾkr* "dieu de la terre", berbère touareg, Sous *akāl* "terre, terrain, pays", couchitique ʿafar *erkē*, ʿafar saho *rikē*, oromo *irge* "endroit, place"; sans doute somali *hag*, *hal* même sens. Mot voyageur ? Sumérien *agar* "territoire irrigué"; aussi latin *ager* "champ".

HGRS, 1. AR. magh. *haǧras* "brailler". **-2.** *hiǧris-* renard". **-3.** *haǧāris-* (pl.) "verglas, temps difficiles, malheurs". **¶. 1.** BEAUSSIER 1018. v. s. -HG-. **-2. -3.** KAZIMIRSKI II/1392.

HGRƐ, AR. *haǧraε-* "sot, stupide; grand et maigre". **¶.** v. s. -HG-.

HGRT, ETH. g. *həgrūt* "appliqué, attentif", *hagrata* "être ardent, diligent, se dépêcher". **¶.** HOMMEL, PHYSIOLOGUS 56 n. 54 y voit un dérivé de guèze *hagarit* (voir sous HGR), opinion contestée par LESLAU, V. CDG 216; v. GHRT.

HGŚ, AR. *hagaša* "faire marcher devant soi une bête de somme; exciter des inimitiés".

≈ ETH. g. *hagʷāt*, *haggʷāt*, tna. *hangat*, amh. *aggʷat* "petit lait". **¶.** Le guèze est un emprunt à l'amharique qui tient lui-même le mot du couchitique : saho *hangāt* "babeurre". V. LESLAU, CDG 216.

-HD-, -1. Plusieurs racines comportant cette séquence consonantique nomment des bruits divers souvent sourds et continus, dont certains sont émis par l'homme ou par les animaux, v. HDG, HDD, HDHD, HDY, HDL, HDR, HDRS, peut-être aussi HYD. **-2.** La notion de "démolir, abattre" a son expression dans des racines comportant la même séquence, voir en particulier HDD, HDK, HDM, HDML; mais voir sous HG. **¶.** v. aussi sous -HD/Đ- et sous -HB- (*NB*).

-HD/Đ-, 1. Des racines comportant soit la séquence -HD- soit la séquence -HĐ- expriment la notion de "se hâter", v. HDʾ/Y, HDG, HDGDG, HĐB, HĐL, HĐM, HĐP. Une autre notion fréquemment représentée est celle de "délirer, radoter, parler vite (et beaucoup), etc.", voir HD'/Y, HDB, HDG, HDM, HDRZ, HĐW/Y, HĐR, HĐRM. Il faut ajouter que cette séquence consonantique entre dans la constitution de plusieurs racines ayant le sens de "couper, trancher (surtout rapidement)"; v. HĐ'/Y, HĐB, HĐHĐ, HĐĐ. Cette dernière notion se retrouve dans d'autres racines; v. HĐL, HĐLL, HĐLM, HĐM, HĐML, HĐP, HĐR, HĐRB, HĐRP. Il n'est pas impossible, en raison de ces associations, de supposer des liens sémantiques complexes entre ces racines. Cependant des précisions doivent être apportées qui peuvent éclairer les faits. **-a.** Du fait des formes qu'elles présentent et de leur sens particulier, les racines à troisième radicale G, peuvent être indépendantes de cet ensemble, voir sous HDG, HDGDG. **-b.** L'alternance D/Đ n'est pas tout à fait assurée; on ne peut exclure que les formes en D représentent étymologiquement des formes en Đ. **-c.** Dans certains cas, la notion de "délirer" peut être secondaire, liée principalement à la notion de "être en état de sommeil", voir par exemple HD'/Y, HDM. **-d.** On peut remarquer que les racines en HĐ ont pour radicale complémentaire soit une labiale (HĐB, HĐP, HĐM), soit une liquide (HĐL, HĐR); parfois elles sont quadriconsonantiques avec association d'une labiale et d'une liquide. Dans le cas des labiales, ces racines sont liées à d'autres racines constituées par Đ + labiale; il n'est pas impossible que sous la forme qu'elles revêtent ici, elles constituent des élargissements de ces deniers biconsonnes. **-e.** Dans les racines signifiant "couper, trancher", cette dernière notion est assortie d'une nuance de "promptitude"; elles peuvent avoir subi l'attraction des racines signifiant "se hâter", voir HĐĐ, HĐHĐ, HĐM. **-f.** Les racines à liquides ne semblent pas liées à d'autres séquences biconsonantiques; elles peuvent, dans les formes quadriconsonantiques, être les conséquences de croisements avec les racines à labiales. **-2.** Faut-il poser une base -HD- avec la valeur "(se) calmer, (se) tranquilliser" ? voir sous HD'/Y, HDD, HDW, HDN; aussi HDM ?. Mais voir aussi sous -DM-. **¶.** Voir sous -HD- et -HB- (*NB*).

HD'/Y, 1. AR. *hada'a* "se reposer, s'arrêter", *'ahdi'a* "procurer du repos, favoriser l'endormissement d'un enfant", ? pal. *hadā* "parler en dormant", ég. *hidi* "être tranquille, se calmer", magh. *hdā* "s'apaiser, se modérer, s'adoucir; s'occuper de qn, rester avec lui; chanter pour endormir un enfant", *mahda'* "nid", SAR. jib. *hede',* soq. *h^y^ode* "se calmer", mh. *hōdi* "calme", ETH. g. *had'a*, tna. *had'e* "être calme", te. *had'a*, amh. *da alä* "se calmer", AR. *had'-* moeurs, caractère, conduite". **-2.** AR. *hadi'a* "avoir le dos voûté". **-3.** *had'at-*, *hadī'-*, *mahdā'-* :

partie de la nuit. **-4.** ETH. te. *tähağğə'a* "se hâter". **¶.** Voir HDY, aussi les renvois sous -HD-. Une forme sudarabique mehri *hədāt* "froid" appartient-elle à cette racine ? Elle peut relever aussi bien de HD'/Ɛ ou de ŠD'/Ɛ. **-1.** Pour le soqotri, h^y est anormal comme représentant de *h* étymologique (voir sous /H/), mais il peut s'agir d'une réfection. - Voir aussi sous HDW, HDD.- V. FAGNAN 180. **-2.** Voir aussi HWD. - **4.** Sur tigré *ğ* < *d*, V. M. COHEN, EEM 16, ULLENDORFF 140. **¶¶. 1.** LESLAU, CDG 214, signale pour le couchitique : bédja *ad*, *haduw*, ʿafar *idiyā* "tranquillité". **-3.** Comparer berbère touareg *ehoḍ*, (FOUCAULD 516), Ghadamès *īƀəd*, (LANFRY, 6), mzabite *ahaḍ* (*ḍ*!) "nuit" (BASSET, MZAB 236) ? - Sur la correspondance *h* : *ƀ* à l'intérieur du berbère, V. PRASSE H 5.

HD/Đ'/Y, OUG. *hdy* "couper, trancher", ? AR. *hađiʾa* "périr", *hađaʾa* "couper promptement, mettre en fuite", *ʾahđā* "réduire la viande en charpie par la cuisson", - *hađaʾ* : expression de mépris ou de louange; ETH. g. *tahadya* "moudre, réduire en poudre, en cendres; être trop cuit, dissous par la chaleur". **¶.** Ougaritique *d* peut représenter ici *đ* étymologique, V. GORDON UT 26. Pour l'arabe *hađaʾ*, FAGNAN 180; pour l'éthiopien V. LESLAU, CDG 215. - Voir sous -HD/Đ-.

HDB, 1. AR. *hadaba* "couper, trancher; cueillir, arracher; traire une chamelle". **-2.** "avoir de longs cils (yeux); avoir de longues branches pendantes (arbre)", *hudb-*, *hudub-*, *hadab-*, dial. ʿom. ég. *hidb* "cils, franges", SAR. ḥars. *hédeb* "cil". **-3.** AR. *hudubb-*, *huddāb-* "bègue; lent et lourd d'esprit". **-4.** soud. *hadba* : troupeau de bêtes. **¶. 1.** Voir sous -HD/Đ-. **-2.** Sur *hudb* "franges (de tapis)", DALMAN, ASP VII/179; comparer HĐBL. **-4.** En arabe du Soudan, la forme est signalée spécialement chez les Baggāra, V. QLS 1179, ROTH-LALY, LPAT 509 (d'après Hillelson). **¶¶.** v. HYDB.

HDBD, 1. AR. *hudabid-* "petitesse d'un oeil peu fendu; qui a la vue faible; qui ne voit pas de nuit". **-2.** "très épais (lait)".

HDBL, AR. *hidabl-* "velu, couvert de poils; lent". **¶.** Comparer sous HDB.

HDBS, AR. *hadabbas-* "tigre".

HDG, 1. AR. *hadağa* "marcher, courir d'un pas tremblant; pousser des cris (chamelle); bouillir fortement", *hawdağ-* "litière", marāz. h^a*däž* "faire un bruit de bouillonnement; bavarder, faire une rumeur de conversation". ETH. te. *hadgä* "parler, radoter, conseiller", *hədəg* "connaissance, propos, rumeur", *hadägdägin* : cri de guerre. ¶. Voir les renvois sous -HD-, -HD/Đ-. V. LANDBERG, GL. DAT. 2855, BORIS 638, WTS 27.

HDGDG, ETH. te. *hadägdägä* "trotter, piétiner". ¶. Voir sous HDG.

HDGL, ETH. te. *həğugul-* "irréfléchi, qui n'est pas prêt".

HDD, **1.** CAN. h. *hēd*, *hēdād* "clameur; cri d'allégresse", AR. *hadda* "démolir, abattre avec bruit; affaiblir, frapper, tomber sur (malheur); mugir (chameau)", *haddada* "menacer, intimider", *haddi* : interjection pour inciter un âne à boire, *haddat-* "fracas d'écroulement", ḍofar *hadd* "saisir", *tahādda* "combattre", orient. *hadd* "fondre sur, rudoyer, provoquer; hennir", *thaddad* "narguer", *hudād* "saillie", soud. *hadd* "presser le chameau étalon de couvrir la femelle; bouillir", hisp. **haddad* "menacer", magh. *hadd (ɛlā)* "saillir (étalon)", soud. *hadd* "descendre; épuiser, user", SAR. mh. ḥars. *hed*, jib. *hoddot* "tonner", soq. *nhadid* "gronder", mh. *həd*, jib. *hid*, ḥars. *hedid*, soq. *šed* "tonnerre", mh. *hdīd*, jib. *ehded* "menacer", ETH. te. *haddä* "tonner; courir ensemble", *hadud* "tonnerre", tna. *hadadä* "fuir en masse (troupeau)", *hədəd bälä* "produire un bruit sourd". **-2.** AR. *hadād-* "lenteur, douceur (de caractère)". **-3.** *had* "mesure, proportion". **-4.** *hadūd-* "pente, montée; sol égal, plaine", ETH. amh. *hudād* "grand champ". **-5.** AR. soud. *hudd* "harnachement", *hidād* "charge portée sur le dos", SAR. mh. *həddūt*, ḥars. *heddōt* "berceau (porté sur le dos)". **-6.** AR. soud. *hadd* "boire la première fois (animaux)". **-7.** *haddad* "avoir des contractions (épaule du chameau)". **-8.** marāz. *hadd* "trouver (à qn) une ressemblance avec". ¶. Voir les renvois sous -HD-, -HD/Đ-. **-1.** Cananéen hébreu *hēd* hapax (Ezéchiel 7 : 7); au sens de "tonnerre", la racine n'a subsisté qu'en sud-sémitique, mais elle a donné le nom du dieu de l'orage ouest-sémitique, Hadad. - Voir aussi sous SDD, PD, HYD; voir les renvois sous -HD-. **-2.** Voir aussi sous HD'/Y, HDW. **-4.** Amhharique de Gondar, BAETMAN 2, GANKIN 36. **-5.** Comparer sous HD'/Y, HDHD. ¶¶. **1.** Chamito-sémitique ? Couchitique bédja *hūd* v. "tonner", n. "tonnerre", ROPER 191, REINISCH, BEDJA 109, bilin *hadäd* "tonner", REINISCH, BILIN 187; ? somali *hàad* "poltron, couard", ABRAHAM 101; comp. aussi couchitique bédja *hadod* "souffrir, être affligé", ROPER 192; Egyptien *hd* "attaquer, vaincre, punir", subst. "assaut", FAULKNER 160; ? Berbère touareg *ehĕdad* "grondement", le caractère originellement laryngal de la première consonne de cette forme ne peut pas être affirmé, PRASSE H 45 (n°147). **-3.** Couchitique bédja *hād* "pays plat". **-4.** Une racine *hdd* fournit en berbère, des formes signifiant "taille, stature" : touareg *tehedde*, *tihedd*, Ghat *tiddi*, Sous *tiddi*, V. PRASSE H 45 (n°146); voir aussi Ghadamès *əδdəd* "se tenir debout". Voir aussi sous HDHD.

HDHD, 1. AR. *hadhada* "roucouler; mugir (chameau); bercer un enfant"; SAR. mh. *ənhədhūd*, jib. *ənhədhéd* "tressauter; sangloter". - ARAM. mand., AR. *hudhud* "huppe". **-2.** AR. magh. *mhadhad* "dépenaillé (vêtement)". **-3.** ETH. te. *hadhadä* "moisir", *hədhəd* "qui sent mauvais", tna. *hadhadä* "sentir le moisi". **-4.** te. *hağhağä* "moudre grossièrement, écraser". **¶. 1.** Mandéen < arabe, V. DALMAN, ASP I²/392. - Voir les renvois sous -HD- et comparer sudarabique ḥarsūsi *hathet* "soupirer", sous HTHT. **-2.** LENTIN, 298. **-4.** WTS 27. - Sur tigré. *ğ* < *d*, COHEN, EEM 16, ULLENDORFF 140. **¶¶. 1.** Berbère mzabite *hhədhəd* "frissonner, trembler, sangloter". Voir aussi s. HDD.

HDW, 1. AR. or. **hdäwé* "délicatesse, précaution". - ARAM. talm. *hādāh* : interjection "eh là! fais attention!" **-2.** AR. or. *hādiyye* "pierre du foyer". **-3.** *hedāye* "vautour noir". **-4.** ETH. g. *hado* "chaleur du milieu du jour". **¶.** v. aussi s. HDY. **-1.** Dans l'expression *behdäwé* "délicatement, avec précaution", V. DENIZEAU 538. **-2.** DALMAN, ASP VI/16. **-3.** DENIZEAU 538. **-4.** LESLAU, CDG 214.

HDY, 1, CAN. h. *hādāh* "tendre (la main)", ARAM. syr. *haddī*, mand. *hda*, AR. *hadā* "conduire, diriger", *ʾistahadā* "mener la nouvelle mariée (à son époux)", ARAM. palm. *hdy*, syr. *hadāyā*, AR. *hadw-* "guide, conducteur", SAR. sab. *hdy* "guide, chef"; ARAM. targ. *ba-hᵃdē* "avec, chez", *la-hᵃdē* "à, vers, en direction de"; AR. *hadā* (*li-*) "exposer, prouver à", *ʾahdā* (*bi*) "présenter, adresser", *haddā* "offrir, séparer, disjoindre"; *hady-* "manière, façon, coutume; politesse, offrande", ég. *hada*, *hāda* "offrir", orient. *hadā* "guider", tchad. soud. *hidwe*, *hadi* "conseil", magh. *hdā* "pousser, orienter vers; faire un présent; continuer, ne pas cesser de", SAR. mh. *hədū* "changer d'attitude, retrouver le droit chemin, tourner la page", jib. *hédé* "faire changer d'attitude". - mh. *hōdi*, ḥars. *hēd*, jib. *ohodi* "diviser, partager", jib. *hede* "faire un présent", ETH. te. *hadā* "se marier, prendre femme", *tähadda* "se marier (femme)". **-2.** AR. *hādā* "se traîner lentement à côté de qn", *tahādā* "marcher en chancelant, en se balançant", soud. "marcher seul, d'une démarche chancelante". **-3.** AR. *hadⁱⁿ* : eau blanchâtre émise lors d'un accouchement. **-4.** orient. *hadā* "s'inquiéter (de quelqu'un)". **-5.** SAR. ḥars. *šhedō* "connaître". **¶.** Voir les renvois sous HD, voir aussi HD'. **-1.** Le rapport entre "guider" et "poursuivre, continuer à" trouve son parallèle au Maghrib dans *sāq* qui qui signifie aussi "guider, conduire devant soi" et "poursuivre, continuer à (après avoir été interrompu)", V. MARÇAIS, TAKROUNA 1937. Le soqotri *(y)hotidi* "être partagé", LESLAU, LS 141, est à transcrire *hʸótedi* et appartient à la racine ŠDY. - Pour le tigré, WTS 740 souligne le rapport avec l'arabe "conduire la femme à son mari". Pour les divers sens de l'arabe, FAGNAN 180, BARTHÉLEMY 865, QLS 1181, ROTH-LALY, LPAT 509 (d'après Lethem), SPIRO 623, LENTIN 298. **-3.** FAGNAN 180. **¶¶. -2.** Berbère touareg *hədəddy* "chanceler" ? Le caractère originellement laryngal de la consonne initiale ne peut pas être affirmé, PRASSE H 46 (n° 149). **-3.** Berbère tamazight *aheddawi* "vagabond, errant" ?

HDK, 1. CAN. h. **hādak* "piétiner", AR. *hadaka* "démolir, abattre". **- 2.** *hawdak-* "gras, replet". **-3.** ETH. te. *tähağäkä* "plaisanter, converser". **¶. 1.** L'hébreu dans Job 40:12. voir DWK, DKK, HDM et sous -HD/Đ-. **-3.** WTS 27; sur les prépalatales en tigré, COHEN, EEM 16, ULLENDORFF, PHONOLOGIE 140.

HDKR, AR. *hudakir-, haydakur-* "lait épaissi; charnu, chargé de chair".

HDL, 1. ARAM. mand. *hadlia* "choses qui pendent, organes sexuels masculins", AR. *hadila, tahaddala* "pendre, être pendant", orient. *hadal* "fléchir, s'abaisser (plafond, poutre)", ég. *hadal*, soud. *haddal* "laisser pendre (cheveux, vêtement)". **-2.** AR. *hadala* "roucouler; pousser un cri", *haydalat-* : action de mener les chameaux à l'aide d'un chant **-3.** *hadālat-* "troupe", ETH. te. *hadäl* "foule". **-4.** AR. (*ʾabū*) *hadlānat-* : maladie épidémique des boeufs, ? ETH. te. *hadlä* "gonfler (corps)", *haddälä* "paralyser", *hədul* "paralytique". **-5.** *hadl* "mauvaise odeur après la pluie". **-6.** *hadälät* : jeu. **¶. 1.** Comparer HDRQ, voir DLDL, DLW/Y et sous -DL-. **-2.** Comparer HDHD, HDR. **-3 -6.** WTS 25. **-4.** Sur l'arabe, voir BARTHÉLEMY 865. **¶¶. 2.** Rapport avec couchitique somali *hadal* "parler; discours" ?

HDLB, ETH. te. *hadäläbä* "s'engager comme domestique à gages". **¶.** WTS 25, v. DLB.

HDLDL, te. *hadäldälä* "pousser (plante)".

HDLQ, AR. *hidliq-* "tamis; lâche, relâché".

HDM, 1. OUG. *hdm*, CAN. h. *hadōm* "tabouret pour les pieds". **-2.** ARAM. mand. **hdim* "sceller" (?). **-3.** ARAM. jp. *haddēm* "mettre en pièces", syr. *haddem* "démembrer", nsyr. *hadīm* "périr", AR. *hadama* "démolir, abattre", *hadmat-* "partie (d'un troupeau)", soud. *haddām* "berge d'une rivière au moment de l'inondation", SAR. mh. *hədūm*, ḥars. *hedōm*, jib. *hodum* "détruire", ETH. g. *hadama*, te. *hadmä*, tna. *hadämä* "s'enfuir, s'échapper", te. *haddämä* "détruire", *hadomayt* : cri de guerre, AR. *hidm-* "pièce d'étoffe usée, vieillard décrépit", yém. *hidam* "vêtement usé", marāz. *hedəm* "tissu en mauvais état", ég. *hidma* "vêtement", orient. *hedəm* "linge", *hidm* "vieux vêtements, manteau", *hdum*, ég., *hidūm* (coll.) "habits", soud. *hidm* "habit usé et rapiécé, habit(s)", SAR. jib. *ähdím* "porter des habits décents, être bien mis", ETH. g. *hədmat* "habit fait de plusieurs espèces d'étoffes cousues ensemble", te. *tähaddämä* "devenir vieux; être percée et ornée d'un anneau (oreille)", *hədamat* (pl.) "habits élimés". **-4.** g. *hadama* "délimiter, établir, déterminer", te. *haddämä* "établir une cloison, une séparation dans un appartement", amh. *addämä* "construire une cloison ou une clôture de pierre", tna. *hədm*, *hədmo* "maison de pierre", amh. *hədmo* "mur de pierre autour d'une ville". **-5.** AR. *hadima* "être en chaleur (chamelle)", *hudima* "avoir des vertiges, avoir le mal de mer", *hudām-* "mal de mer". **-6.** AR. *hadmat-* "pluie fine et continuelle". **-7.** malt. *heddem* "cuire à feu doux", **-8.** AR. ḍof. *hodem*, SAR. mh. *hōdəm*, jib. *hódum* : espèce d'herbe. **-9.** ETH. g. *haddama* "dormir; raconter des histoires ineptes", *tahaddama* "être somnolent, avoir sommeil", *hədmat-* "sommeil, torpeur", *mahaddamt* "délire, hallucinations, sottises", te. *hağäm belä* "bavarder, parler". **-10.** *hağimät* "petite selle pour une fiancée". **¶. 1.** Le mot, sans étymologie sémitique connue, a été considéré comme un emprunt à l'égyptien *hdwm* dans LVT 225; il semble plutôt que la forme égyptienne, attestée seulement à partir de la 18ème dynastie, soit un emprunt au sémitique, V. ALBRIGHT, VOCALIZATION 52, BASOR 19/42, GORDON, UT n°751, HAL 229; BDB fait l'hypothèse d'un rapprochement avec 3. **-2.** Sens douteux, proposé par MD 131, comme variante de *htm*. **-3.** V. BARTHÉLEMY 865, CANTINEAU, PALMYRE ARABE II/26, 14, SPIRO 623, QLS 1180. Pour BROCKELMANN, LEX. 172 : < persan. Comparer DMM, DWM, HURWITZ 95. Références sur des études de cette racine, dans CDG 215. Pour le tigré *hədamat*, emprunt à l'arabe yéménite, LESLAU, NORTH 33. Ici voir sous HD/Đ-. **-7.** AQUILINA 455 rapproche de HḌM "digérer"; comparer aussi

HNDM. ¶¶. 3. Aussi en couch. bed. *hadim* "détruire", REINISCH BEḌAUYE 112.

≈ ARAM. jp. *haddāmā* "morceau, membre", syr. "membre, membre viril", mand. *handama* "articulation, membre". - AR. *handām-* "symétrie". ¶. Emprunt persan.

HDML, 1. AR. *hadmala* "ruiner, démolir". **-2.** *hidamlat-* "nourriture et boisson". ¶. **1.** LANDB. GL. DAT. 2858; v. HDD, HDM, DHML et s. -HD/Đ-. **-2.** LANE 3042.

HDN, 1. AR. *hadana* "(se) calmer, (se) radoucir; enterrer, enfouir; tuer", *hudnat-* "armistice, trêve"; **-2.** *hadnat-* "pluie légère", *hidn-* "récolte abondante", **-3.** ETH. te. *hadnä*, tna. *hadänä*, amh. *ʾaddänä* "chasser". ¶. v. s. -HD/Đ-. ¶¶. **2.** Rapport avec HDM ? **-3.** Couch. sa. *hadan*, *ḫamir adin-*, or. *adan-*, *adam-*, tulama *hadam* "chasser", sid. *adanso* "chasse", iraq^{w} *-harah-* "suivre, poursuivre", DOLGOPOL'SKIJ 240.

HDS, 1. CAN. h. *hadas*, ARAM. jp. *hadasā*, AR. *hadas-*, ETH. amh. *adäs* "myrte". **-2.** ARAM. syr. *h^{e}das* "penser à, s'occuper de", AR. syr. *hadas (fī)* "songer, penser avec inquiétude (à)", *hadas* "pensée, souci". **-3.** AR. *hadasa* "mener, faire marcher, stimuler à la marche". **-4.** CAN. nh. *hādas* "faire des incisions, gratter". **-5.** ETH. te. *haddäšä* "piocher, creuser avec force". ¶. **1.** JENSEN WZKM 6/211, LÖW FLORA II/257, AL-SELWI 213. **-2.** BROCK. LEX. 172 compare ar. *ḥadasa* "conjecturer". **-3.** AL-SELWI 212 considère le mot comme yéménite et traduit "chasser, repousser". v. s. -HD/Đ-. **-4.** V. JASTR. 334. **-5.** WTS 25. ¶¶. **-2. -3.** En berb., le mzab. connaît une forme *həḍḍəs* (*ḍ*!) "marcher sans regarder, foncer droit", DELHEURE 73.

HDƐ, AR. magh. *nhadaɛ* "se fendre, se découdre (vêtement)". ¶. BEAUSSIER 1020.

HDG, AR. *hadaġa* "casser (un objet creux)", *ʾinhadaġa* "s'amollir; être écrasé".

HDP, 1. AK. *edēpu* "souffler, gonfler; s'envoler", CAN. h. *hādap*, ARAM. pal. *h^{a}dap* "pousser", CAN. nh. *hādūp* "hâtif, rapide", AR. *hadafa* "paraître, survenir, s'approcher, venir à l'esprit", tchad. soud. *hadaf* "embuscade, attaque par surprise", magh. *hdaf* "apparaître à l'improviste", ETH. te. *hadfä* "survenir inopinément", *hadäfdäfä* "se hâter", ? AR. *hadaf* "tout ce qui est élevé au-dessus du sol; but, cible; intention, projet", *tahaddafa* "s'exposer au danger, être la cible", magh. *hadf* "accident de terrain, abri, couvert", *ʾistahdaf* "s'abriter, se mettre à couvert". **-2.** AR. *hadafa* "être faible, infirme", ? yém. soud. *ʾahdaf* "bossu", ETH. g. *hadafa*, amh. *addäfä* "être sale, souillé". **-3.** orient. *hadaf* "trame du tissu". **¶. 1.** FAGNAN 180, QLS 1190, LPAT 509 (d'ap. Lethem), BEAUSS. 1020. **-2.** LANDB. GL. DAT. 2857. Pour l'éth., CDG 214. **-3.** DENIZEAU 538.

HDQ, CAN. nh. *hiddēq*, ARAM. talm. *haddēq* "presser".

HDR, 1. OUG. *hdrt* "rêve, vision", CAN. h. *hādar*, ARAM. bib. *hadar*, syr. *haddēr* "orner, honorer", CAN. h. *hādār*, ARAM. bib. *hadar*, syr. *hedrā*, mand. *hadra* "ornement, splendeur, gloire", Emp. *hdyr* "glorieux". **-2.** CAN. nh. *hādūr* "rond", ARAM. targ. *hadar* "entourer, revenir, répéter", mand. *hadar* "circuit". **-3.** AR. *hadara* "être vain, inutile; gaspiller", *ʾahdara* "laisser sans remplaçant", *hadr-*, "fait, acte sans conséquence", *hadr-, hadar-*, *hudarat-* "homme de rien", *hidrat-* "femme petite et vilaine", *hadr*^{an} "gratis, sans rémunération", ég. *hadaṛ* "choses qui ne valent rien; gaspillé, (sang) versé en vain", hisp. **hadar* "abandonner", SAR. jib. *hódór* "gaspiller ses biens pour la vendetta". **-4.** AR. *hadara* "roucouler, mugir, braire", boukh. *hadar* "gronder", ég. *hadaṛ* "hurler, rugir; faire tomber", orient. *nhadar* "se précipiter en criant (sur)", *hadīr* "grondement (du vent, par exemple)", maräz. *h*^{a}*daṛ* "émettre un cri en projetant le voile du palais en avant (chameau en rut)", *haddāṛa* "voile du palais du chameau", SAR. mh. *hədūr* "faire des bonds et pousser des cris de joie (animaux)", jib. *hodor* "sauter et crier de joie (petits d'animaux)", ETH. te. *hadra* "murmurer, gronder, rugir"; - AR. *haddārat-* "chute d'eau", *haddār-* "bief de moulin", SAR. sab. *ʾhdr* (pl.) "canaux"; - AR. *hadara* "être en fermentation", *hādir-* "lait qui se caille". **-5.** yém. *hūdār* "habile, rapide". **-6.** magh. *hīdūra* "peau de mouton avec sa laine, tapis de laine ou de peau, étoffe en loques". **-7.** SAR. mh. *hdūr*, jib. *ähdér* "faire un grand feu pour voir alentour". **-8.** AR. ég. *hidṛa* : partie basse d'une membrure de coque de navire. **-9.** ETH. te. *heǧart* "bois, forêt". **¶. 1.** Comp. 'DR, V. BROCK. LEX., 172. Pour l'oug. V. UT 389. **-2.** v. DWR. **-3.** VINNIKOV 230, BORIS 638, TAKROUNA 4152. Comp. s. -ĐR-. **-4.** Ebl. */hadārtim/* dans */đarεu hadārtim/* dans une transcription proposée par CONTI QUAD. SEM. 17 (1990) 179 est expliqué sur la base de ar. "fermenter". - Comp. HĐR et

v. s. -HD-, -HD/Đ-. **-9.** WTS 27. **¶¶. 1.** Eg. *hʾdr.t*, ALBR. VOC. 10. - Aussi couch. bed. *hadare* "généreux", ROPER 192. **-4.** bil. *haddar* : cri de l'âne, du chameau, du lion, etc. REINISCH BILIN 188. Comp. berb. to. *həndərəmmət* "pousser un sourd hennissement de plaisir (chameau)", FOUC. 613; l'élargissent en *-n-* serait accompagné ici d'une finale *-mm(et)*, à l'analogie de *həngəmmət* de même sens, v. s. HGM. **-6.** En berb. tamaz., *ahidur* "peau, peau de mouton", TAÏFI 218.

HDRB, v. HĐRB.

HDRZ, AR. magh. *hadraz* "parler à tort et à travers". **¶.** Dérivé de HĐR, v. s., par le passage, normal dans de nombreux dialectes, des spirantes interdentales aux occlusives dentales correspondantes.

HDRK, AR. magh. *hadrūk* "déguenillé".

≈ ≈ ARAM. syr. *hedrolā* "orgue hydraulique", *hadrel* "chanter". **¶.** < gr. ὕδραυλις.

HDRS, 1. AR. *hadrasa* "chuchoter". **-2.** *hadārīs-* "malheurs, calamités". **¶. 1.** LANDB. GL. DAṬ. 2857. Comp. s. -HD- ? **-2.** KAZ. II/1400; v. HGRS.

HDRP, AR. maghr. *hadrūf* "peau de mouton". **¶.** Sétif, LENTIN 298; v. HDR.

HDRQ, AR. marāz. *thadṛag* "pendre, flotter librement (cheveux, laine, par exemple)". **¶.** BORIS 639. Comp. HDL.

HDRŚ, AR. *hadāriš-* "chiffons, friperie", marāz. *hadraš* "déchirer, mettre en loques". **¶.** DOZY II/750, BORIS 639.

HDŚ, AR. *hudiša* "être excité, irrité (chien)".

HĐ, ¶. Pour les formes démonstratives en *hđ-*, v. s. H.

-HĐ- v. s. -HD/Đ-.

HĐʾ, v. s. HD/Đʾ/Y.

HĐB, 1. AR. *hađaba* "couper, émonder, élaguer". - *hađiba* "être pur, être clair", *hađaba* "nettoyer, purifier"; ég. *hazzib* "faire les finitions", *muhazzab* "correct", hisp. **hađđab*, magh. *hađđəb* "mettre au point, menuiser et polir (un objet en bois), arranger, parfaire (l'éducation)", -2. "couler, se hâter". ¶. 1. V. LANDBERG, GL. DAṮ. 2860; GLOS. LEYDE, aussi PEDRO *fĭdda muhĕdebe* s. "plata cendrada"; TAKROUNA 4156; v. les renvois s. -HD/Đ-. -2. v. ĐWB, ĐƐB; aussi Đ'B, HBDB, HBĐ, HBṢ (?) et les renvois s. -HD/Đ-. CONTI QUAD. SEM. 17 (1990) 89, fournit une transcription ebl. */mahđabtum/* qu'il interprète comme signifiant "l'écoulement de l'eau, le lieu de l'écoulement".

HĐBL, AR. yém. *muhađbal* "frangé". ¶. Comp. HDB. V. ḤAB. GLOSS. 96.

HĐĐ, AR. *hađđa* "couper net et promptement; lire, réciter promptement; rejeter (les excréments)", SAR. mh. *heđ* "parler trop, bourdonner (frelon)"; ḥars. "tondre". - ? AK. *azāzu* "bourdonner (oreilles)". ¶. v. HD/Đ'/Y, HĐB, HĐHĐ, HĐM, HDB et les renvois s. HĐ. V. LANE 3042. - Le rapprochement de l'ak. avec l'ar. est fait interrogativement par AHW 92. En mh., ḥars. et ar. ʿom., la rac. se présente aussi sous la forme ḤĐĐ (v. s.), V. JOHNSTONE HL 50, 56.

HĐHĐ, AR. *hađhāđ-*, *huđāhiđ-* "qui coupe promptement". ¶. v. HĐĐ et les renvois s. -HD/Đ-.

HĐW/Y, AK. *azū* "gémir, grogner, grincer", CAN. h. **hāzā* "japper (dans son sommeil : chien)", ARAM. syr. *h^{e}dā*, AR. *hađā*, ég. *hazā* "délirer", hisp. **hađa*, **thađyan*, SAR. jib. *heđe* "délirer, dire des absurdités", jib. "parler en dormant". ¶. Le syriaque dans PSM 973. V. FRONZAROLI LESSICO 2.23. Le rapprochement de l'akkadien avec l'hébreu et l'arabe classique est fait interrogativement par SODEN, AHW 92; voir aussi les renvois sous HĐR et -HD/Đ-. - Comparer sous HZW. ¶¶. Voir aussi HD/Đ'/W/Y, HĐĐ, HĐY.

HĐḪR, AR. *hađḫara*, *tahađḫara* "marcher avec fierté et en se balançant". ¶. Comp. s. -HD/Đ-.

HĐY, AR. dat. *hađā* "pleuvoir, bruiner", *hađī* "être mouillé, trempé". ¶. LANDBERG, GLOSS. DAṮ. 2862. ¶¶. v. aussi HD/'/Y, HĐW/Y.

HĐYN, v. s. HĐW/Y.

HĐKR, AR. *hađkara* "être très gai, joyeux".

HĐL, AR. *hawđala* "être agité, secoué; marcher d'un pas saccadé", daṯ. *hađal* "tomber dru et menu (pluie)". ¶. LANDB. GLOSS. DAṮ. 2862. - v. HĐLL, HĐLM et s. -HD/Đ-.

HĐLL, AR *huđlul-* "élévation de terrain; petit cours d'eau; sable fin; accident, malheur; long, grand; léger, rapide", daṯ. *hađlal* "pleuvoir à grosses gouttes". ¶. Comp. HĐL, HĐLM et v. les renvois s. -HD/Đ-. V. LANDB. GLOSS. DAṮ. 2862.

HĐLM, AR. *hađlama* "être léger, actif, rapide". ¶. v. HĐL, HĐLL et s. -HD/Đ-.

HĐM, AR. *hađama* "couper promptement; manger très vite", *hayđam-* "glouton, brave, hardi, rapide". ¶. v. ḪĐM et les renvois s. -HD/Đ-.

HĐML, AR. *hađmala* "marcher d'un pas serré". ¶. v. les renvois s. HĐLM, HĐM et s. -HD/Đ-.

HĐP, AR. **1.** *hađafa* "être agile, rapide", **-2.** daṯ. *hađaf* "renfermer, placer, fourrer". ¶. v. HDP et s. -HD/Đ-.

HĐR, **1.** AR. *hađara* "être brûlant (jour d'été)". **-2.** "divaguer, radoter, avoir un discours abondant et frivole", ég. *hizāṛ* "frivolité", *hazzaṛ* "batifoler, plaisanter", soud. *hađđar* "plaisanter", hisp. **hađar* "être bavard", magh. *hdar* "discourir, causer, parler". **-3.** SAR. jib. *hođor* "construire (en bois)". ¶. **2.** LANE 2888, SPIRO 624, VOCABULISTA, GLOS. LEYDE; v. HDR, HDRZ, HĐRB, HĐRZ, HĐRM et s. -HD/Đ-. ¶¶. **1.** Berbère tamazight *ahdir* "grand feu, incendie", TAÏFI 218. **-2.** Berbère Ghadamès *əđdər* "mentionner", LANFRY 4. Pour la correspondance *h* : Ghadamès *đ*, PRASSE H 5.

HĐRB, **1.** AR. *hađraba* "parler beaucoup et vite", soud. *hadrab* "parler dans son sommeil". **-2.** *huđayrib*^{an} "coutume, habitude". ¶. **1.** Voir les renvois s. HĐ, HĐR. - Voir QLS 1180; dans HILLELSON, la forme est *hiḍrib*, peut-être pour noter **hidṛib*, réalisation possible de *hadrab*. **-2.** LANE 2888.

HĐRM, AR. *hađrama* "parler avec rapidité; accélérer". ¶. v. HĐR, -HD/Đ-.

HĐRP, AR. *hađrafa* "être rapide, agile". ¶. v. HĐP, HĐR et s. -H/Đ-.

HH, ETH. te. *hah belä* "s'ouvrir, bailler", tna. *hah bälä*, amh. *a alä* "être ouvert, s'ouvrir", te. *hah* "ouverture, trou". ¶. v. aussi H-'/H/W/Y, HW, HWH, ḪWḪ. - V. Tigré et tigrigna, d'après WTS 1, V. aussi LESLAU NORTH 33.

HHH, AR. *hahha* "être bègue". ¶. v. aussi s. H-'/H/W/Y

-HW-, -HY-, Les racines à bases -HW-, -HY-, dont les dernières radicales sont constituées par des semi-voyelles ou des laryngales comportent des valeurs dont la distribution, sans doute affectée par des contagions et des échanges divers, ne permet pas un classement simple. Dans la mesure où il s'agit de valeurs expressives, onomatopéiques, ou similaires, elles apparaissent sous H-'/H/W/Y/. Mais, pour faciliter la recherche, elles sont aussi mentionnées sous les racines auxquelles elles appartiennent formellement. Il convient cependant de souligner qu'il peut être utile, à propos de chacune de ces racines, de se reporter à toutes les autres.

HW, **1.** CAN. h. *hō*, *hōhō*, SAR. soq. *hoho*, ETH. tna. amh. *ho-ho* : interjections. **-2.** AR. soud. *haw* : cri des chiens, ég. *hawhaw* "aboyer", ETH. amh. *hu ʾalä* "aboyer". **-3.** ETH. tna. *haw bälä* "disparaître d'un coup; tomber de haut", *hawhaw bälä* "avoir une sensation de vide dans le ventre, gargouiller (ventre)". ¶. Sur le pronom de 3ème personne, voir H. **-1.** Voir sous H. **-2.** Voir les renvois s. H-ʾ/H/W/Y; V. QLS 1198. **-3.** D'après MHRT; V. aussi CS 48, et comparer sous HH, HWB, HWY, HY'. ¶¶. Pour des formes chamito-sémitiques, voir sous HWH, HWW/Y, HWY, HW/YY, HY', HYY.

HW/Y, v. HWW/Y, HWY.

HW', **1.** AR. *hāʾa* "tendre à, viser à; se réjouir de", *hawʾ-* "esprit, but, idée, désir", liḥ. *hʾ* "s'efforcer de" ?, magh. *hāʾ* "penser de qn, à propos de qn". **-2.** *haʾ* "voici! tiens! prends!". **-3.** SAR. mh. ḥars. *bə-hawʾ*, jib. *b-hoʾ* "il n'y a rien du tout, pas de nouvelles; pas du tout!". ? ETH. amh. *haw* "de peu d'importance". **-4.** ETH. te. *hawʾa* "hurler (comme un chien)". ¶. Pour le pronom de 3ème personne, voir sous H. **-1.** Voir HWY. V. BEAUSSIER 1032; pour le liḥyanite, interprétation de CASKEL 84, mais il s'agit peut-être simplement d'un pronom de 3ème personne du singulier. **-2. -4.** Voir les renvois sous H et H-'/H/W/Y. **-3.** Comparer sous HYH.

HWB, 1. AR. *hawb-*, SAR. jib. *hub*, ETH. te. *hāb* "ardeur du feu, chaleur", SAR. mh. ḥars. *hwōb*, "réchauffer", mh. *hīwəb*, ḥars. *šhəwōb*, jib. *šəhēb* "se réchauffer", ETH. te. *habhab belä* "flamber". - AR. hisp. *hawba* "orgueil, cruauté", **mahāba* "crainte", soud. *hawwāb-* "craintif", "épouvantail pour les oiseaux", *qalab al-hūbah* "se retourner sur le dos posant la tête sur le sol". **-2.** AR. *hawb-* "distance, éloignement", hisp. "respect" ég. *hawwib* "s'approcher". **-3.** AR. *hawb-* "sot, bavard". **-4.** *hawb* daṯ. "petit champ". **-5.** ḥaḍr. "danse". **-6.** or. *hob hob* : cri des chameliers pour régulariser l'allure des chameaux. **-7.** SAR. mh. *šəhēwəb* "imaginer, guetter l'arrivée de qn". **-8.** mh. *hawb-*, *hob-* (+ pronom suffixe) "comme si -". **¶. -1.** v. HBB, HBHB et les renvois s. -HB-. And. : GLOS. LEYDE, ALC. 252, 13 s. "ferocidad". Pour le soud., QLS 1198. **-4.-5.** LANDB. GL. DAṮ. 2884. **-6.** BARTHÉLEMY 875. **-7.** Ici ? Rapport avec la notion de distance : supputer la distance; mais peut-être de rac. ŠWB ? **-8.** Sans doute *haw + b-*.

HWBR, AR. orient. *hawbar* "marmotter", *hōbar* "pousser des cris de joie (dans une fête, une noce, etc.)", magh. maraz. "être gai, ardent". **¶.** DENIZEAU 544 (d'après HARFOUCHE), BARTHÉLEMY 875, BORIS 651.

HWG, 1. AR. *hawǧ-* "stupidité, folie; longueur du corps", *ʾahwaǧ-* "fou, stupide, grand et agissant avec précipitation", *hawǧ-* "tornade, cyclone", orient. *hāǧ* "être excité, agité", ég. *hōga* "tumulte, insurrection". **-?2.** soud. *hāǧ* : cri pour exciter les chameaux, *hōǧ* "jeune chameau", ETH. te. *hog* : cri pour pousser le boeuf, marāz. *hāža* : chanter les chants adaptés aux différentes activités avec les animaux. **¶. 1.** BARTHÉLEMY 875 : *hāǧ*, *ihūǧ*. Rapport avec *hawk*, v. HWK ? v. HYG. Croisement des deux racines ? **-2.** QLS 1199. **¶¶. 1.** Berb. kab. *həwwəž* "déranger, bouleverser", empr. à l'ar. ? Il n'est pas signalé comme tel dans DALLET 296.

HWGL, 1. AR. *hawǧal-* : sorte de verrou de bois. **-2.** ég. *hōgal* "fléau". **¶.** - v. HGL. **1.** DOZY II/768. **-2.** Empr. copte.

HWGR, AR. orient. *hawǧar* "agiter, énerver". **¶.** BARTHÉLEMY 875. - v. HWG, HYG.

HWD, 1. CAN. h. *hōd* "grandeur, majesté". **-2.** AR. *hāda* "venir à récipiscence; parler bas", *hāwada* "se réconcilier avec, avoir du penchant pour", *hawādat-* "douceur, indulgence; paix, concorde", iraq. *hawwad* "se calmer, s'apaiser", ég. *hāwid* "être conciliant, raisonnable avec qn", hisp. **hawad* "suivre"; AR syr. *hawwad* "baisser, abaisser", pal. *hawade* "pente", soud. *muthāwid* "de bas prix", magh. *hād* "descendre, dévaler", soud., maraz. *hawwad* "descendre sur l'horizon (soleil), être avancée (nuit)"; ? soud. *hawidah* : le désert le plus extrême. **-3.** AR. *hawdat-* "bosse de chameau". **-4.** daṯ. *hawwada* "crier, hurler", SAR. mh. *hōd*, *hōdihód* : cri par lequel s'annonce un visiteur sur le seuil de la maison, *hewīd* "s'annoncer (du cri *hōd* ou *hōdihód*) au seuil d'une maison étrangère". **-5.** ETH. te. *hawwädä*, *hawädwädä* "se rafraîchir". **-6.** *hudät* "forêt d'épineux". **-7.** amh. *hoǧā* "coque de café". **¶. -1.** Etym. controversée, V. BARTH WU 11, PALACHE 22, WARMUTH TWAT II/375. **-2.** hisp. dans ALC. 385, 16 s. "seguir acompañando"; BARTHÉLEMY 875, BAUER 1, QLS 1199, 200, LPAT 516 (d'ap. Hillelson), BEAUSS. 1032, BORIS 652. **-4.** V. LANDB. GL. DAṮ. 2885, REINHARDT 160 et MÜLLER WURZELN 109. Comp. s. HYD. Le cri, sous les diverses formes *hōd ! hodi ! hōdihód !* s'observe à l'ouest de l'Océan indien (ʿOman, régions swahili, y compris Comores, Madagascar) avec la même fonction dans les règles de l'étiquette. **-7.** BAETEMAN 8. **¶¶. -2.** Berb. : en to. *hudy* "être repris et ramené (être ou objet)", FOUC. 509. **-4.** Couch. bed. *hūd* "tonner", ROPER 191. V. HDD.

HWDG, v. HDG.

HWDN, AR. hisp. **hawdan* "laisser inquiet, dans la crainte, être renfrogné", malt. *hewden* "avoir l'esprit préoccupé, divaguer, délirer". **¶.** V. s. "perplexus" dans VOCABULISTA; aussi *nihawdan* "dejar perplejo", ALC. 165, 33, s. ceño en los ojos ("froncement de sourcils, dédain, dépit", Oudin 251) donne la forme *tehavdŭn* et 165, 34, s. ceñudo ("un qui regarde dédaigneusement", Oudin 251), *muhăuden* (plur.) *muhaudenĭn.* V. aussi AQUILINA 458, comp. HḎ', HḎYN, HWDS, HYD.

HWDS, AR. orient. *thōdas* "être inquiet". **¶.** DENIZEAU 545 (d'ap. Belot). Comp. HWDN, HYD.

HWDR, AR. lib. *thawdaṛ* "tomber en se précipitant". **¶.** FEGHALI 24.

HWH, **1.** AR. *hūh-*, *hūhat-*, *hawhāʾ-* "lâche, poltron", *hawāhi* "balivernes". **-2.** *hawhāʾ-* "puits très profond". **¶.** Pour les cris, interjections, exclamations, etc. v. s. H-'/H/W/Y. **¶¶. 1.** Berbère kabyle : *ihwah* "déshonneur, honte", emprunt ? La racine n'est relevée, pour l'arabe maghrébin, ni par BEAUSSier ni par LENTIN.

HWHW, ETH. amh. *hawāhəw* "les airs, l'atmosphère". ¶. GANKIN 36. - Voir s. HWY. - Voir aussi HW.

HWW, ETH. te. *hawäw belä* "bavarder continuellement". ¶. WTS 22. Comp. HWH ?

HWW/Y, CAN. h. **hāwā*, ARAM. syr. **hᵉwā* "tomber", AR. *hawā*, "tomber", ég. "tomber; rendre fou", hisp. **ahwa* "précipiter", maraz. *hawē* "venir, entrer"; SAR. mh. ḥars. *hewō*, jib. *hē* "tomber; s'abattre sur", ETH. te. *haw belä* "s'égarer", tna. *haw bälä* "tomber de haut"; CAN. h. *hawwāh* "ruine, perte", nh. *hᵃwāh* "hélas !", ARAM. syr. *hawtā* "fosse, abîme; perte", AR. *huwwat-* "vallée très profonde, ravin", *hāwiyat-* "abîme", ég. *hiww* "espace; vide (n. et adj.)", ETH. te. *howiyā* "endroit en pente raide, abîme", ETH. tna. *haw bälä* "se hâter, partir précipitamment, s'éloigner". ¶. Peut-être deux racines distinctes, apparemment bi-consonantiques et qui se seraient croisées ? v. aussi H-'/H/H/W/Y, HWY. En ar., pour l'ég. SPIRO 630, pour l'hisp. ALC. 184, 34 s. "despeñar". ¶¶. Chamito-sémitique : ég. *h'y* "descendre", tomber", couch. sid. *huw* "tomber" (et *ub*!), V. CERULLI SIDAMO 208; berb. to. *ihi*, *iha* "tomber dans"; Ouarsenis, Nefousa *hawa* "descendre" (BASSET OUARSENIS 236) est probablement arabe. - Eg. *hwhw* "se sauver précipitamment, décamper"; berb. to. Ayr *huyyət* "chasser", kab. *aha* "se hâter"; aussi to. tahag. *ehi* "chasser devant soi très rapidement", V. sur cette rac. en to., PRASSE H, 73, n° 441; couch. bil. *hā y* "fuir, courir sans cesse", *haū y* "partir, disparaître", sa. *haū yä*, or. *yāu* "s'écouler, partir", REINISCH BILIN 204.

HWZ, **1.** AR. *hūz-* "créatures; genre humain", *hawwaza* "mourir". **-2.** daṯ. *hāz* "frapper légèrement". **-3.** ETH. tna. *hoǧi bälä* "tomber à torrent (pluie)". ¶. **-2.** GL. DAṮ. 2887. **-3.** CS 51. Comp. HWṬ.

HWZB, v. HZB.

HWZN, v. HZN.

HWṬ, **1.** AR. tchad. *hāṭ* "tourner". **-2.** ETH. g. *hawwaṭa* "décorer, orner". **-3.** amh. *hoč̣* "pur". **-4.** te. *hawč̣äč̣ä* "broyer les os". **-5.** amh. *hoč̣ alä* "tinter (monnaie)", *hoč̣ 'adarrägä* "faire du bruit (monnaie versée sur une table)". ¶. **1.** LPAT 516 (d'ap. Lethem) **-2.** CDG 220. **-3.** Aussi *č̣äč̣*, GUIDI SUPPL. 6. **-4.** WTS 23. **-5.** Aussi *č̣äč̣*, GUIDI SUPPL. 7.

HWY, 1. AK. *awū* "plaider", *atwū*, *atmū* "parler à, discuter, négocier", *awatu*, *amatū* "mot, message, nouvelle; ordre, décision; procès; chose, affaire", OUG. *hwt* "mot"; **-2.** AR. *hawā* "être large, béant (plaie)"; *hawā(ʾ)*, soud. *haw*, *hōy* "désert". **-3.** *hawā* "souffler (vent)", *hawāʾ-* "air, souffle; temps, climat", ? ARAM. mand. *tiha* "souffle, vapeur". **-4.** AR. *hawiya* "aimer", *hawa*^{n} "amour, désir, passion", SAR. mh. *šəhwū* "aimer", jib. *s̃həbé* "apprécier; aimer à l'excès". **-5.** AR. *hawāʾ-* "son, bruit", *hawā* "éprouver un tintement dans les oreilles", *hawiyy-* "tintement d'oreilles". - ? soud. *hawwa* "guérir par incantation". **-6.** AR. *hawiyy-*, *muhwaʾi/ann-* "portion de la nuit". **-7.** iraq. *hwāya* "beaucoup, souvent, longtemps"; ég. *hawa* "vite". **-8.** ETH. te. *hawā* "se faner (herbe); être fiévreux; s'enfuir; laisser échapper". **-9.** SAR. jib. *hōt* "grand serpent". **-10.** CAN. h. *hōy*, ARAM. syr. *hāwāy* "ah! malheur!", AR. *haway-ka* "gare à toi!", soud. *hōy* : interjection pour l'appel; particule d'assentiment; ETH. te. *hoy* : exclamation de joie, amh. *hoy* après un nom : marque de vocatif. **¶.** Pour un rapport possible entre les divers sens, V. FLEISCHER chez DELITZSCH HIOB 94, cité par GL. DAT. 2890. **1.** A rapprocher probablement de HW/YY, v. s., v. aussi HW. **-2.** FAGNAN 182, QLS 1203. Comp. s. HH. **-3.** Le mand. dans MD 485. **-5.** Pour le soud., LPAT 517 (d'ap. Hillelson). **-6.** V. en particulier FAGNAN 182. **-7.** DIA 484. **-8.** WTS 22. Comp. HY'. **-10.** v. aussi s. H-'/H/W/Y. **¶¶. -3.** Berbère touareg *hewiwi* "être aéré". Aussi tamazight *hwi* "être distrait, se laisser aller", TAÏFI 226 ? **-4.** M.C. ESSAI 97 n° 92 propose : égyptien *hy*, *hʾy* "époux, mâle agissant", couchitique bédja *hiyo* "époux, épouse", somali *hawo* "désir, passion". A quoi il faudrait ajouter oromo *haw* "désirer". - DOLGOPOL'SKIJ 220 reconstruit une rac. HWY [HAwAj(j)] "être meilleur, plus beau" se développant en "désirer, aimer, etc." : bédja *hayid-* "choisir, considérer comme meilleur", ʿafar *ays*, saho *aš* "être mieux, plus beau", oromo *haw-* "désirer", sidamo *woyaa-te* "est meilleur", ometo *ea* "aimer", iraq^{w} *ɛäyai* "droit". On peut se demander s'il n'y a pas lieu de distinguer d'une racine HWY, avec des valeurs liées à "aimer, désirer", une rac. HY' "être beau, meilleur, etc.", v.s.

HW/YY, AK. *ewū*, *emū* "devenir", CAN. amor. **hwy*, h. *hāyā*, **hāwā*, ARAM. bibl. syr. *h*^{e}*wā*, Emp., nab., *hwh*, palm. *hwʾ*, mand. *hua* "être, devenir, survenir". **¶.** Sur la possibilité d'une attestation de la rac. à Ebla, CONTI QUAD. SEM. 17 (1990) 170. - Amor. V. HUFFMON 159. L'h. **hāwā* est un aramaïsme, V. M. WAGNER 71, RATSCHOW WERDEN UND WIRKEN. A l'analogie d'autres langues où "tomber" > "se produire" (p. e. lat. *cadere* et *accidere*, ang. *fall* et *befall*, ar. *wqɛ*, etc.), on rapproche souvent HW/YY de HWY, V. BDB 217, 224, PALACHE 22, AHW 266; contre BARTH ES 71. Pour l'ak., le rapprochement avec *ewū* est rejeté par P. FRONZAROLI LESSICO 1. p. 10 pour des raisons de correspondance phonétique. Pour discussions et références sur des attestations épigraphiques, DISO 63. ¶¶. Cham. sém. : berb. touareg *eh*, *ihā* "être dans" (et *ihi*, *iha* "tomber dans" ?), couch. bédja, somali *hay*, "être", v. aussi s. HWW/Y; pour l'égyptien *yw*, rapproché interrogativement par EG et M. C. ESSAI 97 n° 94, il faut tenir compte du fait qu'il ne s'agit pas d'un verbe, VYCICHL DELC 37.

HWK, 1. AR. *hawika* "devenir bête", *tahawwaka* "être stupéfait, interdit", magh. *hāwək* "affoler; faire enrager", ETH. g. *hoka*, te. tna. *hawwäkä*, amh. *ʾawwäkä* "agiter, remuer, troubler", tna. amh. *hukät* "trouble, agitation". **-2.** AR. *hūkat-* "fosse, trou en terre". **-3.** *hawwākat-* "mauvaise odeur". **-4.** magh. *hāk* "être bon marcheur, rapide (cheval)". **-5.** dat. *hawwak*, SAR. šḫ. *hōk* "crier". **-6.** ḥars. *hewēk* "voyager". **-7.** ETH. te. *hakā belä*, amh. *ak alä* "tousser pour s'éclaircir la gorge ou pour cracher". ¶. **1.** Pour le magh. LENTIN 301. - NÖLD. ZA 20 (1907) 142 rapprochait g. *hoka* de l'inacc. aram. *yᵉhāk* "il allait" : contre CDG 220. v. aussi s. HBK. **-2.** KAZ. II/1458. **-3.** KAZ. II/1459. **-5.** Le šḫ. d'après W.W. MÜLLER WURZELN 110. **-6.** ḤL 53. ¶¶. **1.** Passé en couch. : bil. *hawak* "exciter", sa. *haūke* "tumulte", CDG 220; berb. kab., Ouargla *hučč* "secouer, aiguillonner, exciter", *həbbʷəč* "secouer (qn)", V. DALLET DKF 285, 286, mais v. s. H pour les correspondances de *h* berbère. **-7.** Rapport avec couch. or. *hakki-su*, *haqqi-su* "faire des efforts pour vomir" ?.

HWL, 1. CAN. nh. *hūl* "être joyeux", *hōlēl* "se moquer de". **-2.** AR. *hāla* "effrayer, terrifier", *hawl-* "terreur", boukh. *hawl sawā* "effrayer", ég. *hawwil*, iraq. *hawwal* "exagérer", soud. *hōl* "innovation, nouveauté, comportement non coutumier", hisp. **hawl* "tourmente, tempête", **hawwal* "injurier", magh. *thawwəl* "se mettre en état d'excitation extatique", SAR. sab. *hyl* "crainte". **-3.** AR. *tahāwīl-* : ornements de diverses couleurs éclatantes. **-4.** yém. *hāl* "graisse animale". **-5.** ETH. g. *hul* "vase, ustensile, objet". **-6.** g. *hol* "impur". **-7.** te. *hāl* "vide". ¶. **1.** Comp. HWLY, v. HLL. **-2.** SPIRO 630, DIA 484, QLS 1201, VOCABULISTA, ALC. 176, 30 s. "denostar con boç", LENTIN 301. **-3.** KAZ. II/1460. **-4.** ḤAB. GLOS. 96. **-5.** MAGGIORA 4, d'après TAYYE. **-6.** Selon CDG 217, probablement < hébreu *ḥōl* "profane". **-7.** WTS 1, comp. ḪLY.

≈ ≈ ARAM. syr. *hawlā*, AR *hiyūlā*, *hayyūlā* "matière". ¶. < gr. ὕλη.

HWLY, 1. ETH. g. *hawlaya* "se moquer de". **-2.** "brûler avec éclat, être vif (couleur), être sans repos", ? amh. *hola* "de couleur rouge (mouton)". **-3.** g. *hawlaya* "mêler, mélanger". **¶. 1. -2.** v. HWL, HBLY, HLL. **-2.** Le g. dans CDG 220, l'amh. dans BAETEMAN 5. **-3.** Aussi *ḥawlaya* dans des ms., V. CDG 220.

HWLK, ETH. te. *hawaläkä* "déranger, troubler", tna. *hawläk* "perturbateur". ¶. v. HWL. - Pour le tna., LESLAU NORTH 35.

HWLL, 1. ETH. te. *hawlälä* "admirer, louer". **-2.** amh. *näholälä* "se flétrir, languir". **¶. 1.** v. HLL. **-2.** Amh. dans GUIDI SUPPL. 2.

HWLQ, AR. soud. *hūlēqah* : appareil pour éloigner les oiseaux des champs. ¶. C'est une construction constituée par des poteaux de bois couverts de branchages, installée dans les champs ensemencés, et sur laquelle on place des enfants pour effrayer les oiseaux par leurs cris. QLS 1201 et, pour la description, 466 s. *rākūba*.

HW/YM, 1. CAN. h. **hām* "mettre en déroute", *məhūmāh* "affolement, panique", ARAM. anc. *hwm*, *thm* "être hors de soi, se lamenter", syr. *hūmā* "persécution (?)". - AR. *hāma* "errer comme un fou; aimer éperdument; avoir soif", *huyām-*, *hiyām-* "amour passionné, soif ardente", *haymiyāʾ-* "fascination, exorcisme des démons"; daṯ. *hām* "disparaître", orient. *hāme* "spectre, fantôme". - AR. *hāmat-* "tête, sommet de la tête; chouette", *hawwama* "secouer la tête en sommeillant", *hāma* "dormir" - AR. *hawm-* "intérieur de la terre", *hawmat-* "vaste plaine", *haymāʾ-* "désert", *hayām-*, *huyām-* "sable mouvant", *ʾahyam-* "sombre (nuit)" **-2.** *tahayyum* "démarche élégante". **-3.** soud. *hām* "serpent", *hawām* : insectes en général, reptiles, vers; ? *hēm* : irritation que provoquent certains petits insectes chez les gallinacés. **-4.** ETH. amh. *homa* "troupe d'éléphants". **¶. 1.** v. aussi 'WM. - Pour l'aram. anc. V. LIDZBARSKI EPHEM. I/193; v. HMHM, HMY, HMM, NHM. - *hāma* "dormir", LANE 3046. V. aussi DOZY II/776, LANDB. GL. DAṮ. 2889, BARTHÉLEMY 876. **-2.** QÂMÛS. **-3.** LPAT 517 (d'ap. Hillelson), QLS 1202 signale qu'au nord du Soudan *hawām* désigne tout le bétail et les animaux sauvages. **-4.** GUIDI SUPPL. 2.

HW/YN, 1. CAN. h. **hēhīn* "trouver facile", *hōn*, "fortune, richesse", nh. "faculté, santé", ARAM. targ. *hōnā*, *hawnā* "biens, capacité, force", syr. mand. *hawnā* "esprit, intelligence, sagesse", AR. *hāna* "être léger, facile; être bas, abject, méprisé", *hayn-*, *hayyin-* "léger, facile, tranquille, modeste, méprisé", tham. *hwn* "repos", ɛom. *hayyan* "juger de faible valeur, trouver bon marché", lib. *thāwan* "négliger", ég. *hān* (*u*) "devenir insignifiant"; *hān* (*i*) "humilier, insulter", *istahwin* "trouver facile", *istahwan b-* "sous-estimer", soud. *hān* "mépriser", hisp. **hawwan* "tenir pour vil", magh. *hān* "avilir", SAR. sab. *hwn* "adoucir (son coeur envers qn)", *hyn* "rassurer, soulager", ḥars. *hwn* "trouver bon marché", soq. *hawin* "meilleur", mh. *hawīn*, šḫ. *hawin* "méprisable", soq. *hiyāneh* "métier méprisable". **-2.** AR. *hāwan-* "mortier à piler", *hawn-* "mortier, obusier". **-3.** ETH. te. *hon*, *hone* "halte!" (cri aux animaux). **-4.** amh. *honana* "sot, idiot, abruti". **¶. 1.** Aussi en ph., Byblos ? MUSJ 45 (1969) 262, 1.5; V. TOMBACK, 80. - Le verbe hébreu est attesté seulement à la forme *hifɛīl* (*wattāhīnū* "et vous avez trouvé facile", Dt. 1/41). Sur l'aram., A. DUPONT-SOMMER WAW, V. DISO 67. Pour le tham. IT 314, le sar. : V. JOHNSTONE HL 53 et LESLAU LS 142. **-2.** KAZ. II/1378. **-3.** WTS 17; peut-être en rapport avec HN, v. s. **-4.** BAETEMAN 6.

HWS, 1. AR. *hāsa* "aller, tourner autour, rôder", *hawisa* "être léger, étourdi", *tahawwasa* "se moquer, plaisanter", *haws-* "désir ardent", *hiwās-* "rut, coït", *hawīs-* "pensée intime", *hawas-* "folie, possession, vertige", iraq. *hawwas* "susciter des troubles, être bruyant", ég. *hawas* "rendre stupide, fou", hisp. **hawwas* "étourdir, troubler"; ? lib. *hawwas* "faire griller"; *hawīsa* : mets faits de céréales et de viande grillées; ? ETH. amh. *hawwäsä* "remuer, trembler", te. *tähawwäsä* "jouer", tna. *hus bälä* "chercher à tâtons; infliger une punition". **-2.** AR. *hāsa* "marcher d'un pas ferme". **-3.** ég. *hawīs* "écluse". **¶.** V. aussi HWŠ, ḤWS. **-1.** Pour l'ar. *hawas-*, V. LANE 2907 avec sources, DIA 484, SPIRO 630, VOCABULISTA, ALC. 408, 33 s. "turbar"; pour le lib., FRAY. 190, comp. ḤMS, ḤMṢ; l'amh. (Gondar) dans BAETEMAN 2. Pour l'éth. WTS 22, CS 14. **-2.** QĀMŪS.

HWSK, AR soud. *hōsak* "marcher avec vivacité; réserver un chameau pour la monte ou pour la reproduction". **¶.** QLS 1201; LPAT 516 (d'ap. Hillelson). Comp. s. HWS.

HWSN, AR. orient. *hōsan* "exciter". **¶.** v. HWS.

HWSS, SAR. jib. *ənhabses* "rétrécir, rapetisser, devenir mesquin".

HWƐ, AR. *hāɛa* "être inquiet, troublé; être agile, vif; attaquer qn; avoir un vomissement"; *hawɛ-* "avidité, hostilité; vomissement". **¶.** v. aussi HYƐ et HƐƐ.

HW/YĠ, AR. *ʾahyag̱-* "abondant, riche (pluie)", SAR. mh. *hawg̱-* "rosée", ḥars. *hewēg̱-* "récolter la rosée dans les buissons au matin".

HWP, 1. AR. *hūf-* "homme sot, stupide"; **-2.** pellicule mince comme celle qui tapisse la coquille de l'oeuf, maraz. *hōfa* "flocon de laine (en suspension dans l'air)".

HW/YP, ARAM. syr. *hawpā* "haleine, souffle", AR. *hāfa* "être assoifé, desséché", *hawf-*, *hayf-* "violente soif, vent (chaud et sec) du Sud-Ouest", *hāyif-* "altéré d'une violente soif", tchad. *hāf* "se faner"; soud. "se perdre, devenir vagabond". **¶.** *hawf*, de l'avis de certains lexicographes arabes, est un mot énantiosémique qui signifie "vent chaud *ou* vent froid" (KAZIMIRSKI II/1458), mais *hayf-* est le nom d'un certain vent (qui est chaud), d'ap. QĀMŪS et ṢIḤĀḤ, V. LANE 2845 s. NKB (*nakbāʾ-*). Pour le tchadien et le soudanais , LPAT 516 (d'après Lethem), QLS 1205. - v. s. -HP-.

HWṢ, 1. CAN. nh. *hūṣ* "feuille de palmier", ARAM. talm. *hūṣā* "feuille de palmier, pointe". **-2.** AR. tchad. *hōṣ* "émeute, bagarre". **¶. 1.** v. ḤWṢ, ƐWṢ. **-2.** LPAT 516 (d'ap. Lethem); comp. s. HYṢ.

HWQ, SAR. jib. *eheq* "interpeller qn". **¶.** v. -HQ- ?

HWR, 1. AR. *hāra* "démolir, abattre; crouler, être en ruine", *hayyara* "démolir, détruire, *hayyār-* faible, débile (homme)", *tahawwara* "être téméraire", yém. *hār* "s'abaisser", orient. "tomber", *mihwār* "lieu élevé d'où l'on craint de tomber", ég. *inhāṛ* "s'écrouler", *ithawwaṛ* "agir témérairement", SAR. mh. *həyūr*, jib. *hā̃r* "être pris de vertige au bord d'un précipice", mh. *hōyər* "précipice". - SAR. ḥaḍr. *yhr* (inacc.) "être en ruine". - AR. yém. *hawra* "sol aride et dur", SAR. mh. *hwūr* "être sans pâturage pour l'avoir épuisé (animaux)", *hawrət*, ḥars. *hōret* "sécheresse; terrain desséché". - ? AR. tchad. *hawīre* "piège", ? magh. *ʾahwar* "rosser, rouer de coups"; ? *hūr* "poison mortel"; **-2.** AR. iraq. *hawwar* "se détendre, devenir trop large", pal. *hōr* "beaucoup, très", magh. tak. *hāṛ* "accomplir un acte de générosité spontanée", maraz. *hawwaṛ* "ne jamais faire travailler (un enfant, un chameau, etc;)". **-3.**

AR. *hawr-* "très grand troupeau de moutons", magh. *hawīr* "animaux à sabots", *mahwar* "troupeau de bêtes de somme". **-4.** AR. *hawr-* "lac", SAR. *hwr*, *hwrt* "citerne, pièce d'eau (?)" **-5.** SAR. **hwr* "annoncer, proclamer (?)" **-6.** ETH. te. *hawära* "mûr, beau", *həwur* "bon temps, bonne année", *hawärwärä* "être mûr et beau (fruit)". **-7.** *horya*, *hoyra*, tna. *hora* "chant de mariage, chant de joie". **-8.** te. *hūr* "cuir rouge". **-9.** "térébinthe". **¶.** v. aussi s. HYR. **-1.** Ar. FRAY. 190, DENIZEAU 545, LPAT 516 (d'ap. Lethem). - Pour le verbe en ḥaḍr., V. J. RYCKMANS MUS. 67 (1954) 340. Pour le sab. *hrt* "basse terre arable ?", v. s. HYR. **-2.** DIA 484, TAKROÛNA 4205, BORIS 652. - **-4.** En sar., le sens des formes est très incertain; V. MÜLLER WURZELN 110, DIC. SAB. 57, sur le sens "partie postérieure d'un édifice", donné par certains auteurs; le mot désigne plus probablement un "pilier". V. ROBIN, CRAI 1993, 464. **-5.** Peut-être à rattacher à WRY ? DIC. SAB. 57.

≈ ≈ AR. *hūri*, yém. *hūrī*, ḥaḍr. ɛom. ég. *hūri*, ɛom. *hori*, SAR. mh. *hawri*, ḥars. *hōri*, jib. soq. *hori*, ETH. te. *hori* : petit bateau, canoë. **¶.** Le terme désigne une pirogue monoxyle et est en usage dans toute la zone de la mer Rouge et du golfe d'Aden. - V. KINDERMANN "SCHIFF" IM ARAB. 106. Emprunt à une langue indienne, VOLLERS ZDMG 50/651, LANDB. GL. DAṮ. 2887, LS 142, ḤL 53, JL 100. **¶¶.** Aussi en ʿafar, somali, REINISCH SOMALI 207.

HW/YŚ, 1. AR. *hawiša*, *hāša* "être excité, agité; recueillir", *hawwaša* "mêler, brouiller", *hawšat-* "désordre, confusion", *hayšat-* "foule, tumulte, cohue", *hawš-* "gand nombre", daṯ. *hāš* "piller, enlever, voler", *hawš* "bétail (pris à la razzia)", lib. *hāwaš* "gronder", ég. *hāš* "gonfler (intrans.), monter en neige", *hayyiš* "pousser librement (végétation), devenir sauvage (arbres, etc.)", *hīš* "fourré", *hawwiš* "faire du bluff; troubler", soud. *hawīš* "herbe sèche, abondante et mélangée", tak. *hᵊweš* "grouiller", maraz. *häyyäš* "se renforcer, devenir dense (herbe, céréales)"; Sétif *hayš* "chaume sur pied après la moisson"; dial. *hāʾišah* "bête"; SAR. mh. jib. *hoś*, šḥ. *heś* "prendre de force, piller". **-2.** AR. *hawiša* "être amaigri". **-3.** AR. soud. *hawwāša* "terrain cultivé". **¶.** v. aussi HYŚ. **-1.** V. LANE 2912, SPIRO 631, BARTHÉLEMY 879, BORIS 655; LENTIN 300. Le terme *hāʾišah*, *hayša* est attesté dans les dialectes les plus divers, arabiques, orientaux ou maghrébins. V. LANDBERG, GL. DAṮ. 2888 avec références. A Boukhara = "loup"; VINNIKOV 235 indique qu'il s'agit d'une dénomination euphémistique et signale que le mot signifie "vache" dans le Nejd et en

Iraq, "chèvre" dans le ‹Oman. -3. LPAT 516 (d'ap. Hillelson).

HWŚL, v. HŠL.

HWŠ, 1. AR. *hāsa* (*u*) "concasser, briser", ETH. te. *hawäššəš gä'a* "casser en morceaux". -2. *hawwäšä*, *hawäšwäšä* "disparaître".

HW/YT, 1. AR. *hawwata*, *hayyata* "appeler qn en criant *hayta*", orient. *hawwat* (*ɛala*) "faire un mouvement (vers)". -2. AR. *hūtat-*, *hawtat-*, *hīt-* "dépression de terrain, bas-fond", pal. *hūta* "précipice", boukh. *hāwuč* "creux, creux de la main". -3. ETH. te. *hawät* "outre". ¶. Sur *hāt(i)*, etc. "donne !, apporte !", voir sous H. -1. *hayta* est une expression d'étonnement en même temps qu'un cri d'appel, LANE 2909 avec références à des grammairiens et des commentateurs arabes; d'après TA, le cri est *ḥayta*; pour l'arabe oriental, DENIZEAU 545. - Comp. s. HWD. -2. Boukhara, VINNIKOV 234. - Voir aussi sous HWD, HWY. -3. WTS 22.

HWTB, Ar. soud. *hawātīb* (pl.) "crépuscules (matin et soir)". ¶. QLS 1199.

HWTR, v. HTR.

HWTT, ETH. te. *hawätwätä* "se hâter en chemin", tna. *hawtätä* "marcher distraitement, parler sans penser; importuner, fatiguer". ¶. V. LESLAU NORTH 35.

HWṮ, AR. *hawtat-* "soif".

-HZ-, Des notions, peut-être liées entre elles, de tumulte, d'agitation, de violence, de rapidité sont exprimées par des racines qui comportent cette séquence consonantique et semblent attester divers phénomènes de croisement et de contagion , v. par exemple HZ', HZHZ, HZLG, HZLƐ, HZM, HZMG, HZMR, HZƐ, HZP, HZQ, HZR, HZRB, HZRP. - Quelques racines exprimant la notion de moquerie, mépris, etc. paraissent fondées sur une base -HZ-, v. HZ'/W/Y, HZL, HZR. - Se reporter aux considérations s. -HB- (*NB*).

HZ', AR. *haza'a* "briser, casser, faire périr", *hazi'a*, *haza'a* "mourir". ¶. v. les renvois s. -HZ-.

HZ'/W/Y, 1. ARAM. jp. *hazza'āh* "aspersion", mand. *hza* "asperger, éclabousser". **-2.** AR. *hazi'a*, orient. *haza* "se moquer de", ég. *haza'* "agir avec mépris", magh. *hzā* (*i*) "plaisanter", hisp. **haza* (*a*, *u*) "se moquer; dédaigner, mépriser". **-3.** malt. *hezza* "travailler rapidement, faire beaucoup de travail; sensation de fatigue après un long travail ininterrompu". **-4.** ETH. te. *huzuy* "inachevé". **¶.** v. aussi HZHZ, HZW, HZZ. **1.** MD 139. - < NZY. **-2.** DENIZEAU 541, VOCABULISTA, ALC. 180, 7-8 s. "desdeñarse, desdeñar a otro". - v. les renvois s. -HZ-. **-3.** Développements propres à partir de HZHZ, HZZ ? V. AQUILINA 459. **-4.** Forme de participe passif apparemment isolée. **¶¶.** Pour *h* en berb., v. s. */H/*. **-2.** Berb. kab. *hhuẓẓi* "faire le fanfaron, affecter des manières hautaines", DKF 297; tamaz. *həzhəz* "radoter, divaguer", TAÏFI 228. **-3.** Berb. kab. *ehzuzi* "être épuisé, à bout de force", DKF 297.

HZB, 1. ARAM. syr. *hezbā*, AR. *hāzibay- hāzibā'-* : sorte de poisson. **-2.** AR. *hazzaba* "faire honte à", magh. *hzəb* "être couvert de confusion", hisp. **hazzab* "écraser, aplatir, confondre", yém. *hazib* "faible". **-3.** AR. *hazzaba* "marcher lentement (cheval)", **-4.** *hawzab-* "chameau robuste et bon marcheur", *hayzab-* "fort, robuste (lion), plein de feu, de vivacité". **¶. 1.** V. LÖW OR. ST. 1/553, n. 8. **-2.** TAKROÛNA 4169. - v. les renvois s. -HZ-. **-2.** DOZY II/756. Pour l'hisp. le terme est glosé dans VOCABULISTA par "apabullar, confundere"; l'interprétation pour laquelle il est opté ici est conforme à celle de DOZY. Dans GL.DAṮ, 2870 : *hazib* = *hazim*. **¶¶.** v. HḎB

HZBL, AR. *hazbala* "être réduit à la misère".

HZBR, 1. AR. *hazbara* "couper, retrancher en coupant". **-2.** *hizbar-*, *hizabr-*, *huzābir-* "gros et grand; lion". **¶. 1.** Comp. s. HZB.

HZG, 1. AR. *hazi**ǧ**a* "fredonner, chantonner", *'uhzūǧat-* "chanson"; **-2.** *hazīǧ-* "partie de la nuit". **-3.** ETH. tna. *hazägä* "être silencieux, se taire". **-4.** *hazag bälä* "faire une chute, se briser". **¶. 2.** v. HZƐ.

HZD, AR. maraz. *hazdi* "robuste, aux cuisses larges (chameau)". **¶.** BORIS 645.

HZHZ, AR *hazhaza* "agiter, brandir, secouer; humilier, avilir", *hazhazat-* "commotion, bouleversement; oscillation, vibration", *huzhuz-* "abondant (eau, torrent), profond (puits)", *hazhāz-* "brillant, étincelant (sabre)", daṯ. *hizhāz* "vent doux et faible", ég. *hazhiz* "agiter, hocher", *ithazhiz* "être agité, trembler, se balancer", SAR. jib. *ehəzhéz* "secouer", ETH. tna. *hazhaz bälä* "balancer, rebondir, ballotter". ¶. v. HZZ. - v. les renvois s. -HZ-.

HZW, AR. *hazā* "partir, s'éloigner"; ? ETH. te. *hazäw belä* "rôder", tna. *hazäwzäw bälä* "délirer (dans la fièvre), être anéanti par la douleur". ¶. v. aussi HZ'/W/Y et HḎW/Y. - WTS 23 cite aussi tna. *ḥazäw* (*ḥ* !) *bälä* "divaguer" ? - comp. s. ḤZY : ar. yém. **ḥāzā, yiḥāzī* "raconter une histoire", sar. mh. *ḥzō* "proposer une énigme".

HZWR, v. ḤZR.

HZZ, AR. *hazza* "agiter, secouer, stimuler", *ʾihtazza* "être gai; briller; croître (herbe)", *hizzat-* "agitation, tumulte, vacarme"; ég. *hazz* "secouer, balancer; bouleverser; vanner", *hazza* "secousse, tremblement", *hizāza* "paille, balle de grain", hisp. **hazz* "agiter, remuer, mélanger, bercer", magh. *hazz* "lever, soulever, ramasser, prendre, porter"; SAR. mh. *həz*, ḥars. *hez*, jib. *hezz* "secouer"; mh. *həz*, jib. *hezz* "souffler (vent)"; jib. *hezz* "envisager de faire qc."; ETH. te. *hazäz belä* "bouger (feuilles)", tna. *hazäzä* "voler autour, tournoyer (mouches)". ¶. - v. les renvois s. -HZ-. - Hisp. : GL. LEYDE, ALC. 300, 1 s. "menear", 299, 24 s. "mecer uno con otro", etc.; aussi s. "hornaguear (= brûler ?)". Magh. TAKROŪNA 4163, LENTIN 300. ¶¶. Berb. : tam. *əhəz* "se hâter, se presser", ALOJALY 81; mais *h* < *z* ? - Un nom de la "mouche", largement attesté dans les dialectes, relève d'une racine *hzh*, PRASSE H 43, n°117.

HZṬ, AR. magh. *hazzaṭ* "se vanter", *hazzāṭ* "fanfaron". ¶. BEAUSS. 1025. ¶¶. Aussi en berb. tamaz. *həzzəṭ* "être élégant, bien habillé" ?

HZY, v. HZ'/W/Y.

HZL, 1. AR. *hazila, hazala* "être maigre, exténué", *hāzil-* "maigre, émacié", *hayzalat-* "bête de somme", ég. *hazal* "amaigrir", *hazal*, *huzāl* "faiblesse". **-2.** *hazala* "plaisanter", orient. *stahzal* "se moquer", ég. *hazl* "plaisanterie", *hazulat !* "c'en est trop !", boukh. *hazl sawā* "plaisanter". ¶. **-2.** v. HZ'/W/Y. Comp. HZR. - v. les renvois s. -HZ-. - Sur le verbe composé à Boukhara, v. s. HNG.

HZLG, 1. AR. *hazlağat-* "vacarme, voix et cris confus". **-2.** *hazallağ-* "véloce, rapide". ¶. -2. v. HZLƐ, HZP et les renvois s. -HZ-.

HZLƐ, AR. *hazallaɛ-* "véloce, rapide", *hazallaɛat-* "fuite précipitée". ¶. v. les renvois s. -HZ-.

HZM, 1. ARAM. syr. *hᵉzam* "mettre en fuite", *hᵉzīmtā* "fuite", AR. *hazama* "mettre en fuite", *ʾihtazama* "prendre la fuite (en abandonnant qn)", *hazīmat-* "fuite, déroute", SAR. jib. *hézəm* "être faible", *ohózum* "intimider", *ähzim* "battre qn", ETH. te. *hazmä* "sauter, se précipiter sur, attaquer", *hazämzämä* "se précipiter sur". **-2.** AR. *tahazzama* "produire un bruit; gronder (tonnerre)", *hazīm-* "bruit, fracas (du tonnerre), *hayzam-* "fort, robuste", *hazmat-* "ronronnement du chat". **-3.** *hazama* "creuser", *hazmat-* "creux, cavité", *hazīm-* "fendu (récipient)". ¶. **1.** **-2.** LANE 3043, FAGNAN 180; v. les renvois s. -HZ-. **-2.** Comparer les autres racines à base HZM : HZMG, HZMR.

HZMG, AR. *hazmağa* "parler avec volubilité", *huzāmiğ-* "continuel, ininterrompu". ¶. Voir HZG, LANE 2893; comparer HZM; voir aussi les renvois sous -HZ-.

HZMR, AR. *hazmara* "secouer, agiter avec violence, tourmenter". ¶. Croisement de HZM, HZR ? - Voir aussi les renvois s. -HZ-.

HZN, AR. *hawzan-* "poussière".

HZNBR, AR. *hazanbar-, hazanbarān-* "méchant, rusé, sagace".

HZƐ, AR. *hazaɛa* "courir vite, se dépêcher; agiter, remuer", *hazzaɛa* "casser, briser en petits morceaux", *hawzaɛāt-* "inquiétude, appréhension", *hayzaɛat-* "peur, frayeur; cris, tumulte", *hazīɛ-* "partie de la nuit", dat. *hazaɛ* "arracher, empoigner; rendre le dernier soupir", magh. *hᵉzaɛ* "devenir agité", maraz. *hēzɛa* "tempête". ¶. FAGNAN 182. Pour les dialectes maghrébins, MARÇAIS, TAKROUNA 4170, BORIS 645. - v. les renvois s. -HZ-

HZP, AR. *hazafa* "emporter, enlever (vent)", *hizaf-* "rapide, véloce; violent, tyrannique". ¶. v. les renvois s. -HZ-.

HZQ, AR. *ʾahzaqa* "être immodéré en qc.", *hazaq-* "vivacité, agilité", *haziq-* "tonnerre violent". ¶. v. les renvois s. -HZ-.

HZQL, AR. magh. *hazqal* "aller l'amble, trottiner".

HZR, 1. AR. *hazara* "rouer de coups; jeter par terre; chasser, expulser", *ʾihtizār-* "humiliation, marques de mépris". **-2.** *hazara* "rire". **-3.** syr. *mhazzar* "vêtu de mauvais habits". **-4.** maraz. *yahzar* (inacc. seulement) "dépérir complètement (animal)", ? magh. *hazar* "manger avec avidité, dévorer". **-5.** AR. *hazarat-* "terre fine". **-6.** *hazār-* "rossignol". **¶.** Voir les renvois sous -HZ-, comparer ḤZR. **-1.** FAGNAN 180. **-2.** Rapport avec HĐR ? v. s. **-3.** DENIZEAU 540. **-4.** BORIS 645. **-6.** < persan.

HZRB, AR. *hazraba* "être léger et rapide". **¶.** LANE 2894; v. HĐRB, -HZ-.

HZRP, 1. AR. *hazrafa* "être rapide à la course". **-2.** *hizrifat-* "vieille femme; grosse dent canine". **¶. 1.** v. HZRB et les renvois s. -HZ-.

HZRṢ, AR. maraz. *hazraṣ* "être en rébellion". **¶.** BORIS 645.

HZRQ, AR. *hazraqat-* "rire immodéré et indécent".

HZT, AR. magh. *hazūtī* "malappris; sauvage, féroce (chien)". **¶.** BEAUSSIER 1025, LENTIN 300.

-HṬ-, 1. Séquence consonantique qui se trouve dans quelques racines ayant parmi leurs valeurs celle de "tomber (pluie, grêle)", peut-être surtout avec une nuance d'abondance, de violence, de brusquerie. Cette nuance peut caractériser d'autres emplois de ces racines; v. HṬY, HṬL, HṬP, HṬR (peut-être aussi HṬW, HṬṬ ?). **-2.** Des valeurs sans doute liées sont celles de "rapidité", de "hâte", qui caractérisent des racines contenant la même séquence et qui nomment des démarches : HṬHṬ, HṬƐ, HṬQ, HṬRS; v. cependant HṬL.

HṬ, ETH. te. *hač̣* : cri pour appeler les chameaux qui sortent du chemin. **¶.** WTS 28 d'ap. une liste de Sundström. Comp. HṬHṬ; aussi HṬṬ ?

HṬHṬ, 1. AR *haṭhaṭa* "hennir", *huṭāhiṭ-* "cheval". **-2.** *haṭhaṭa* "marcher rapidement, se dépêcher". **-3.** ETH. tna. *haṭhaṭ bälä*, *həṭhəṭ bälä* "se montrer par son attitude content, joyeux, insouciant". **¶. 1.** Comp. HṬ. **-2.** v. les renvois s. -HṬ-.

HṬW, AR. *haṭā* "jeter", *huṭaⁿ* "lutte acharnée, coup violent". **¶.** v. -HṬ-.

HṬṬ, 1. ARAM. syr. *haṭṭeṭ* "exciter". **-2.** AR. *huṭuṭ-* "hommes qui périssent". **-3.** *ʾahaṭṭ-* "endurant (chameau)". **¶.** Comp. ṬWḤ et v. les renvois s. -HṬ-. **-1.** < syr. *haṭeṭā*, qui désigne une plante épineuse.

HṬY, 1. AR. magh. *haṭṭa* "aller faire la moisson (comme tâcheron)". **-2.** ETH. amh. *hač̣a* "chute (de grêle)". **-3.** *həč̣* "larve d'abeille". **¶. 1.** MARÇAIS, TAKROUNA 4171. **-2.** GUIDI SUPPL. 7. - v. les renvois s. -HṬ-. **-3.** GANKIN 44.

HṬL, 1. AR. *haṭala* "pleuvoir à verse; verser des larmes", hisp. *hatal*, *hatla* "gouttière". **-2.** AR. *haṭala* "marcher lentement (chamelle)", daṯ. *ʾahṭal* "perclus", ég. *haṭṭal* "être lent et faible, se laisser aller". **-3.** *hiṭl-* "loup, brigand, sot", *hayṭal-* "renard; détachement en incursion sur le territoire ennemi". **-4.** ETH. te. *haṭṭälä*, *haṭälṭälä* "trembler". **¶.** v. les renvois s. HṬ-. **-1.** ALC. 263, 4-5 s. "gotera". **-2.** V. GL. DAṮ. 2873. **-4.** WTS 28.

HṬLS, AR. *tahaṭlasa* "être très rusé dans le vol; être guéri".

HṬLƐ, AR *haṭallaɛ-* "troupe nombreuse; grand, haut de taille".

HṬM, ETH. te. *həṭäm* "son". **¶.** WTS 28.

HṬS/Š, ETH. tna. *haṭṭäsä*, *hanṭäsä*, *hənṭäs bälä*, te. *haṭṭäšä*, *hanṭäšä*, amh. *anäṭṭäsä* "éternuer". **¶.** Comp. ar. *ɛaṭasa*, v. s. ƐṬS.

HṬƐ, AR. *haṭaɛa* "aller de l'avant, le cou tendu", *haṭīɛ-* "large, ouvert (chemin)"; hisp. **haṭaɛ* "approcher en hâte". **¶.** VOCABULISTA - v. les renvois s. -HṬ-.

HṬP, 1. AR. *haṭafa* "traire; laisser tomber de la pluie (ciel)". **-2.** yém. *haṭfah* : vieille arme se chargeant par la bouche, SAR. mh. jib. *haṭf* "fusil à un coup". **-3.** ETH. te. *haṭəfṭəf* "bavardage, babil". **¶. 1.** v. les renvois s. -HṬ-. **-2.** BEHNSTEDT ṢAʿDAH 309, JOHNSTONE JL 99; **-3.** WTS 28.

HṬQ, AR. *haṭaq-* "pas rapide, accéléré". **¶.** v. les renvois s. -HṬ-.

HṬR, 1. AR. *haṭara* "assommer, tuer", *tahaṭṭara* "s'ébouler (puits)", magh. *hṭar* "tomber en quantité (pluie)". **-2.** AR. *haṭrat-* "air humble, soumis (d'un mendiant)". **-3.** ETH. tna. *haṭärä* "être bien portant, gras; engraisser". **¶. 1.** v. les renvois s. -HṬ-.

HṬRS, AR. *tahaṭrasa* "marcher avec fierté et en se balançant". **¶.** v. les renvois s. -HṬ-.

HṬR, AR. soud. *haḏḏar* "plaisanter, parler non sérieusement". **¶.** v. HḎR, QLS 1811.

HY(Y), 1. CAN. h. *hēy* "voici !", michn. *hylk* "tiens !", ARAM. talm. *hay* "ce", gal. *hyydʾ* "celle-ci", *hhyn*, *ʾhyn* "celui-ci", mand. *hay* "comment ?", talm. *hayāy* "vite !, va !", AR. *yā hayy* "eh ! untel !", *hayyā*, magh. *hay*, *hayya* : particule injonctive, exhortative "allons !, dépêchons-nous, dépêche-toi", *hī* "ici", pal. *hey* "voici", ETH. g. *həyya*, *hiyya* "là, là-bas", SAR. mh. *heiya*, soq. *heyé* "allons ! vite !", ETH. g. *həyya*, *hiyya* "là, là-bas", te. *haya* "eh bien ! allons !", *ahaya* "gare !, prenez garde !". **¶¶.** Le michnique *hylk* est à analyser *hy lk* "voici pour toi !". Pour l'ensemble de ces formes, BARTH SU 19, PB 76, qui pose un pronom H/'Y qui serait aussi à la base de l'ar. *haytu* (*/ta/ti*), *hayka*, *hayhā*, *ʾayhāta*, etc. "ici", là", de démonstratifs dialectaux du type syr. *haydā*, *haydī* (proches), *heydāk*, *heyk* (lointains), iraq. *hič(i)*, syr. *hēk* "ainsi", (auxquels on pourrait ajouter magh. *haydä*, *haydāk* "ainsi"), mais V. PHILIPPI ZDMG 29/172; v. aussi s. H, HYʾ, HYH, HYY, HYT. - V. pour l'ar. FISCHER BILDUNGEN, *passim*. - En ar. dial., aux formes du type de *hayyā* correspondent des pluriels constitués à l'analogie de l'impératif : *hayyū*, etc., V. GVG I/503, GL. DAṮ. 2894.

HY', AR. *hāʾa* "être beau, de belle apparence", *hayyaʾa* "préparer, disposer, achever, enterrer", *hāyaʾa* "s'entendre, être, se mettre d'accord avec", *hīʾat-* "forme, aspect", orient. *hayya* "préparer", SAR. soq. *hiyoh* "splendide (?)". - ? ETH. te. *həy*, *həya belä* "rattraper, rejoindre", amh. *hay hay alä* "réconcilier". **¶.** DOZY 781, FAGNAN 182. Le soq. d'ap. LESLAU LS 142. Eth. dans WTS 23. REINISCH BILIN 184 signale une forme te. *ʾəhi belä* "être content de qc, avoir du plaisir à". **¶¶.** Aussi en berb. : kab. *ehwu* "plaire, être agréable", tamaz. *ihya*, *həyya* "être bien, bon, meilleur", DALLET 295 donne le mot kab. pour un empr. à l'ar. Le sens "être beau, etc.", ne paraît pas avoir été signalé dans les dialectes arabes du Maghrib. Couch. : bed. *hayid-* "considérer comme meilleur", ʿafar *ays*, saho *aš* "être beau, être mieux, plus beau", sidamo *woyaa* "meilleur", V. DOLGOPOL'SKIJ 220; v. aussi la remarque sur ces rapprochements s. HWY. - v. aussi s. H, pour le pronom de 3ème personne.

HYB, 1. ARAM. syr. *hiba*, AR. dat. *hīb, hībah* "hache, houe", SAR. mh. *hayb*, šḫ. ḥars. *hīb* "(pince à) levier". **-2.** AR. *hāba* "craindre, respecter", *haybat-* "respect, vénération", SAR. mh. ḥars. *ehteyōb* "désespérer", ETH. te. *hebā* "dignité, modestie". **-3.** AR. *hāb, habī* : cri pour stimuler un cheval, SAR. jib. *ehyeb* "fredonner pour pousser les animaux à boire". **-4.** AR. tchad. *heibe* "foule". **-5.** magh. *hayyab* "faire sauter la pâte sur une plaque chauffée pour faire des feuilles fines". **-6.** ETH. g. *hayb*, amh. *ayb* "lait caillé". **¶. 1.** V. LANDBERG, GL. DAṮ. 2894, JOHNSTONE HL 54. **-3.** v. HBHB. **-4.** LPAT 517 (d'après Lethem). **-5.** LENTIN 302. **-6.** guèze < amhharique ? CDG 220. **¶¶.** Pour l'éthiopien *hyb* "donner", v. s. WHB.

HYBB, ETH. te. *hebäbä* "jeter à bas, piétiner".

HYBW, ETH. te. *hibo* "funérailles".

HYBL, ETH. amh. *haybäle alä* "presser, hâter". **¶.** GANKIN 36. v. HBL.

HYBQ, AR. lib. *hēbaq* "effrayer, menacer; se vanter, fanfaronner", syr. *haybaqa* "pitrerie". **¶.** FRAY. 191, DENIZEAU 546.

HYG, 1. AR. *hāǧa* "être mis en mouvement, soulevé, excité; s'élancer sur", *hayyaǧa* "allumer (feu)", *hāyaǧa* "combattre qn", *hayǧā'-* "bataille", *hīǧ hīǧ* : cri pour stimuler les chameaux en marche, ég. *hāg* "s'exciter"; *hayyig* "exciter", hisp. **hāž* "pulluler", dat. *hāǧ*, maraz. *hāž* "être en rut (chameau)", SAR. sab. *hg* "combat", jib. *ähyég* "exciter". **-2.** AR. *hāǧa* "se dessécher (plante); être altéré de soif", yém. *hayǧah* "forêt, bois", dat. "pleine campagne". **-3.** AR. *hāǧat-* "grenouille". **-4.** yém. *hīǧ* "joug". **¶. 1.** FAGNAN 182, VOCABULISTA, GLOS. LEYDE, LANDB. GL. DAṮ. 2894, BORIS 654, JOHNSTONE JL 100. Pour le sab., V. BEESTON MUS. 85 (1972) 540. **-2.** PIAMENTA 515, ḤAB. GLOS. 96. **-3.** KAZ. II/1465. **-4.** LANDB. GL. DAṮ. 2894.

HYGL, AR. soud. *hayǧal* "très rapide". **¶.** QLS 1204. - Comp. HYG.

HYGM, v. HGM.

HYGN, AR. lib. *hayžan* "être agité, soulevé, en effervescence". ¶. BARTHÉLEMY 878. Sans doute formation secondaire sur un adj. en *-ān* à partir de HYG, v. s.

HYD, 1. AR. *hāda* "effrayer, troubler, secouer", *hīd*, soud. *hid* : cri pour détourner les chameaux, ETH. g. *heda* "dérober, piller, enlever par la force, faire tort", tna. *hayädä* "empêcher, interdire", amh. *hedä* "être emporté (objet)", te. *heda* "abandonner, faire don". **-2.** AR. soud. *hēd* "froid accompagné d'humidité". **-3.** *hiyyāda* "fait de guider, d'orienter". **-4.** ETH. g. *hayada*, *ḥayada* "étinceler, briller". ¶. **1.** v. HDD. LANE 2907, QLS 1178. Sur l'éth., V. CDG 221; te. < ar. *haddā* "faire un présent", LESLAU NORTH 33. **-2.** QLS 1204. **-3.** IBID v. HDY. **-4.** MAGGIORA 3 d'ap. A.Y.

HYDB, 1. AR. *haydabiyy-* "loquace, diffus dans ses paroles". **-2.** maraz. *hēdäb* "aller au petit trot". ¶. **1.** v. aussi HYDBL. **-2.** BORIS 655.

HYDBL, AR. soud. *hēdaballay* : démarche d'une personne grasse et dont les chairs tremblent. ¶. QLS 1204 renvoie à ar. cl. *haydabiyy-* (v. HYDB) et semble donner ce sens pour généralement arabe.

HYDD, ETH. te. *hedädä* "rouler (intr.)". ¶. WTS 24.

HYDW, ETH. g. *haydo* "guide de l'aveugle". ¶. = *hayyədo* "faisant aller" < amh. *hedä* "aller, marcher" (v. KYD) ? CDG 221.

HYDL, v. s. HDL.

HYDN, AR. soud. *hēdan* "(se) calmer, (se) tranquiliser". ¶. QLS 1204. - v. aussi HD', HDN.

HYH, 1. AR. *hayh-* "homme dégoûtant, sale", *hayāh* : nom d'un démon, *hīhi hīhi*, *hayhāh-*, *hayhāt-* "loin!, arrière!", soud. *hiyyah* : cri pour chasser les chiens, magh. *hayhāh* "impossible!, jamais, au grand jamais", ég. *hēh* "hourra !", ETH. amh. *hāhe* "attention !, gare à toi !". **-2.** ETH. te. *heha* "s'enfoncer; faire violence", *taheha* "descendre rapidement". ¶. **1.** Les diverses variantes des formes d'interjection relevant de cette rac. sont au nombre de plusieurs dizaines; de plus, chacune d'entre elles peut avoir aussi ' comme première consonne, v. QĀMŪS; QLS 1209, GANKIN 38. **-2.** WTS 23.

HYW, **1.** AR. soud. *hayūt* : sorte de pas rapide du chameau, ETH. te. *həyo belä* "conduire un chameau", amh. *hay alä* "faire sortir (gens, bétail)". **-2.** AR. soud. *hayūt* : langue secrète des mystiques. **-3.** ETH. tna. *hiw bälä* "tambouriner, frapper, marteler". **¶. 1.** QLS 1209, WTS 23. **-2.** QLS 1208.

HYZB, v. HZB et aussi HḎB.

HYZL, v. HZL.

HYZM, v. HZM.

HYZƐ, v. HZƐ.

HYḪ, **1.** AR *hayyaḫa* "graisser le plat de bouillie". **-2.** "exciter un mâle à couvrir la femelle", *hiḫ, hīḫ* : mot pour faire s'agenouiller le chameau. **¶.** QĀMŪS, V. QLS 1178.

HYṬ, AR. *hāṭa* "crier, faire du tapage", *hayṭ-* "cris, tapage". **¶.** v. les renvois s. HYṢ et comp. ƐYṬ.

HYṬL, AR. pal. *heyṭaliyye, hêṭaliyye* "bouillie de lait, de fécule et de sucre". ASP I2 437, DENIZEAU 546. **¶¶.** v. HṬL.

HYY, **1.** AR. *hayyāt-* "chose". **-2.** *ʾibnu hayyiⁿ, ʾibnu hayyāna* "homme méprisable", ETH. g. *tahayyaya* "être négligent, indifférent, mépriser". **-3.** AR. soud. *hayya* "guerre, combat". **-4.** ETH. te. *haye* "aussi, maintenant". **¶. 1.** V. GVG I/503; v. HYʾ. **-2.** LANE 3047. **-3.** Ouest du Soudan, QLS 1203. **-4.** WTS 23. **¶¶. 1.** Comp. berb. tamazight *hwi* "être distrait" ? V. s. HWW/Y, HYʾ.

HYK, **1.** CAN. h. *hēyk* "comment ?", ARAM. Emp. palm. *hyk* "selon, conformément à", *hyk dy* "de même que, comme", AR. orient. *hauk ma hayk* "quoi qu'il en soit". **-2.** AR. *hayyaka* "creuser la terre". **-3.** "se dépêcher, aller vite"; orient. *hīk* "long et mince; imbécile, badaud". **¶. 1.** = *ʾēyk* < **ʾayy + k*, v. s. ʾYY; pour l'ar., NAKHLA I/245. **-2.** v. HWK. **-3.** DENIZEAU 547.

HYKL, AR. *haykal-* "grand et gros; figure, forme; temple, édifice", *haykala*, "être grand, énorme"; pal. *hīkal* "squelette"; ég. *haykal* "structure", *hēkal* "sanctuaire". - AR. *haykal* "formule magique", soud. *hekalī* : sorte de collier en or, ETH. g. *haykal*, te. *hekäl*, te. tna. *haykäl* "amulette", amh. *aykäl* : sorte de bracelet. ¶. Sur le sens de "édifice, temple" et l'étymologie du terme, v. s. 'KL et références et discussion dans BDB 228. Sur l'éth. LESLAU NORTH 33; GETATCHEW BSOAS 43 (1980) 225, n.127, pour les liens avec l'arabe.

HYL, 1. ARAM. jp. *hylʾ*, syr. *hyl hyl*, *hylw hylw* : exclamation de joie. **-2.** AR. *hāla* "verser, répandre (des substances sèches, sable, farine, etc.) sans mesurer"; *tahayyala*, *tahāyala* "s'ébouler (terre, sable)", ég. *hāl* "amonceler", soud. *hayl* "tas de sable", magh. maraz. *hāl* "affluer", *hayul-* "poussière fine en suspension dans l'air". **-3.** dat. *tahayyal* "s'étonner". **-4.** magh. "être en rut, en chaleur", *hāyel* "exciter, provoquer". **-5.** *hāl* "pencher". **-6.** soud. *hīl*, *hūl* "propriété, droit.". **-7.** *hīlā* "lieu de halte, de repos". **-8.** AR. *hayl-*, *hāl-*, ETH. te. *hel* "cardamome" **-9.** g. *helā* "régime de dattes". **-10.** tna. *hila bälä* "être dépenaillé, déguenillé". ¶. **1.** V. BROCK. LEX. 175; v. s. HL. **-2.** BORIS 655. **-3.** GL. DAT. 2897. **-4.** FAGNAN 182, LENTIN 301. **-5.** Seulement dans l'expression *yihīl yimīl* "se dandiner en marchant", BEAUSS. 1036. **-6.** QLS 1207, LPAT 518 (d'ap. Hillelson); les formes *hīl, hūl* (aussi *hīla* au Tchad CARBOU 68) expriment également l'appartenance : *hīlu*, *hūlu* "de, à lui, lui appartenant"; elles peuvent aussi servir pour marquer diverses sortes de déterminations nominales. **-6.** QLS 1208. **-8.** Empr. persan, V. LANDB. GL. DAṮ. 2897. **-10.** CS 2. ¶¶. Pour le g. *hayyal* "cerf", MAGGIORA 3, v. s. 'YL. V. aussi HWL, ƐYL.

HYLB, v. HLB.

HYLL, ETH. te. *heläläa* "jeter", *helälib*, *helälit wäda* "jeter rapidement l'un après l'autre". ¶. WTS 23 et remarque de LESLAU NORTH 33.

HYLLB/T, v. HYLL.

HYLM, 1. AR. *haylamān-*, *haylumān-* "grand nombre de troupeaux; vent et sable". **-?2.** orient. *helame* "mirage, faux miroitement", palest. *hēlam* "tromper par de fausses apparences, faire le charlatan" - ? magh. maraz. *hēläm* "s'effondrer (puits), crouler (terre)". **-3.** hisp. *haylama* "chant cadencé". ¶. **1.** v. HYL. **-2.** BARTHÉLEMY 879 qui relie à 1, DENIZEAU 547. **-3.** VOCABULISTA qui glose "saloma, [latin] celeuma"; empr. au lat. ? Rapport avec *haynamān-*, v. HYNM ?

HYM, 1. AR. soud. *hīm* "arc-en-ciel". -2. ETH. te. *hayama*, *həyamo* "chagrin". -3. *həyoma* "écueil, saillie". ¶. v. aussi HW/YM. -1. LPAT 518 (d'ap. Hillelson). -2.-3. WTS 23.

HYMM, AR. magh. *thaymam* "aller à tâtons". ¶. Comp. HYM.

HYMN, 1. AR. *haymana* "agiter ses ailes au-dessus de ses petits (femelle d'oiseau), surveiller, garder", ? hisp. *muhaymn* "tout puissant". -2. ARAM. syr. *haymen* "croire, avoir foi", *haymānūtā*, mand. *haimanuta* "foi (en Dieu), croyance", AR. *haymana*, "dire *ʾamīn*", ETH. g. *haymana* "avoir la foi, être croyant", *hāymānōt* "foi, foi religieuse". ¶. 1. Hisp. : GL. LEYDE. Ici ? Le mot qui étymologiquement peut désigner Dieu en tant que protecteur vigilant est glosé ici par une autre désignation courante de Dieu; mais peut-être relié à 2 : celui en qui on a foi. -2. Secondaire < ʾMN, v. s.; le verbe syr. < h. *ʾẹʾẹmīn*, BROCK. LEX. 175. V. aussi NÖLD. MG 145, NBSS 35. Eth. g. < aram. V. POLOTSKY JSS 9 (1964), 6. - Sur les autres formes éthiopiennes (guèze > tigrigna, amharique > gouragué), V. CDG 221.

HYMƐ, v. HMƐ.

HYN, 1. CAN. ta. *ḫina*, h. *hīn*, ARAM. Emp. *hn*, targ. *hīnā*, syr. *ʾīn* : mesure de capacité pour les liquides. ? AR. soud. *hīn*- ce qu'on prend dans le creux de la main (pour boire). -2. *hāna* "user de manières gentilles, flatteuses" -3. ETH. g. *həyyata*, *həyyate*, *həyyanta*, tna. *həyyänta* "au lieu de". -4. tna. *hin bälä* "écouter avec attention; tambouriner fort". ¶. 1. Une forme oug. *hn*, citée par UT n° 785, doit sans doute s'expliquer autrement, V. TO 378, note u. Empr. ég., V. LAMBDIN JAOS 73 (1953) 149. Pour l'ar. soud. QLS 1208. Rapport avec 1 ? Empr anc. ? -3. Hypothèses étymologiques : PRAETORIUS, AMS 270, BROCKELMANN, GVG I/153, RUNDGREN BILD. 232 (*həyya-n-ta* ? *həyya-ʾənta* ?). V. CDG 221, 222. -4. M.H.R-T.; CS 35.

HYNM, AR. *haynama* "rendre des sons inintelligibles, murmurer doucement; cacher, tenir secrète (une histoire)". ¶. v. HYLM ?.

HYNG, v. HNG.

HYS, 1. AR. *hāsa* "aller, marcher; disperser, mettre en fuite". -2. ɛom. *hās* "labourer", *hays* "charrue". -3. iraq. *hayyas* "sentir, être conscient". **-4.** magh. *hīs* "poux, vermine", *hīsī* "vidange". **-5.** AR. malt. *hess, hiess* : cri du laboureur pour faire marcher les boeufs droit le long du sillon, ETH. tna. *his* : cri pour stimuler les vaches à la marche. **¶. 2.** GL. DAT. 2896. **-3.** DIA 486. Comp. ḤSS. **-4.** BEAUSS. 1036. **-5.** AQUILINA 458, CS 14.

HYƐ, 1. AR. *hāεa* "fondre, couler, se répandre, vomir; être étendu (tapis, etc.)", *mahyaε-* "frayé et large", hisp. *mahyaε* "route, chaussée"; SAR. sab. *hyε* "couler, s'écouler; s'étendre (limites): exécuter (une tâche); offrir un sacrifice (?)", *mhyε* "étendue, section; opération de construction". **-2.** AR. *hāεa* "avoir faim, avoir soif", *hāε-* "désir immodéré et impuissant", *hāyiε-* "obscure, sombre (nuit)", *hayεat-* : ce qui épouvante (cri, tumulte, etc.). **¶. 1.** v. aussi HWƐ et HƐƐ. Pour le sab., V. BEESTON FEST. M. HÖFNER 21.

HYƐR, AR. *hayεara* "se remuer sans cesse, ne pas pouvoir tenir en place", *hayεarat-* "femme dévergondée; ogresse", *hayεarūn-* "vieille femme; malheur, calamité". **¶.** Aussi *εyhr*, QÂMÛS.

HYP, 1. *hāfa* "craindre, se sauver"; ETH. te. *həyf belä*, *hayäf belä* "être trop hâtif". **-2.** AR. *hāfa* "être mince, élancé", *ʾahyaf-* "svelte, élancé", maraz. *hāf* "maigrir, perdre ses forces", ég. *hāf* "être intellectuellement limité; se faire prendre sa part", soud. "périr", *hāyaf* "démolir, abîmer", *hāyif* "vil, méprisé". **-3.** daṯ. *hayāf* "précipice, rocher à pic", maraz. *hāf* "descendre; pendre, être pendant". **-4.** ETH. g. *hep̣a* "frapper avec une arme, percer, fendre; partir, quitter, jaillir", *hip̣at* "lancement d'une arme de jet"; ? te. *hafa,* amh. *ʾafa* : sorte de poignard recourbé. **-5.** te. *hayyäfä* "échouer; séduire", *tahayyäfä* "se tromper". **¶.** v. aussi s. -HP-. **1.** WTS 24. **-2.** V. BORIS 655, LPAT 517 (d'ap. Hillelson). **-3.** GL. DAT. 2897, BORIS 655. **-4.** CDG 222. Etymologie obscure. DILL. LEX. 16 rapproche de ar. *habba*, *haffa* "souffler (vent)", *habā*, *hafā*, *hafata* "voltiger dans l'air", ainsi que de *habba* "frapper, pénétrer (glaive, lance)"; le sens du verbe g. serait donc : "faire voler dans l'air une arme de jet avec un sifflement". V. aussi CDG 221. **-5.** WTS 24. **¶¶. -2.** En berb. tamaz. : *haf* "être épuisé, exténué", TAÏFI 219.

HYṢ, AR. *hāṣa* "exercer des violences contre qn; casser, briser; rendre les excréments (oiseau)", ég. *hāṣ* "dégénérer en tumulte", *hayyaṣ* "faire du tumulte, du scandale", orient. "se réjouir, faire la fête", orient.

ég. *hēṣa* "tumulte, cris, bruits confus". - hisp. **hayṣ* [*heiç*] "sperme". ¶. V. SPIRO 631, DENIZEAU 547, FRAY. 191. L'ég. connaît un verbe dénominatif *mahyaṣa* "passer du bon temps" (formé sur *mihyāṣ* "capricieux, fantaisiste; chahuteur" ?)- Hisp. : ALC. 243, 21 s. "esperma del hombre" et aussi 148, 32 : *heç* "cojon del castor [testicule du castor]". (Probablement le castoreum de la pharmacopée). - Comp. HYṬ, HYḌ, ḤYḌ, ƐYṬ; comp. HYG, V. LANDBERG, GL. DAṮ. 2896.

HYḌ, AR. *hāḍa* "casser, briser, casser à nouveau (os remis)"; ég. *hēḍa* "excitation, bruit, insurrection", magh. tak. *hāḍ* "s'accroître au dernier point (ardeur du feu), devenir agitée (foule)", maraz. "affluer, se précipiter en grand nombre, se succéder sans interruption (malheurs, maladies, éclairs); abattre, amollir". - AR. *hāḍa* "vomir, rendre des excréments (oiseau)", *hayḍat-* "choléra"; hisp. **haḍ* "avoir une pollution". ¶. Comp HYṢ, HYṮ, ḤYḌ; aussi HKƐ. - V. surtout LANE 2912; pour les dialectes, TAKROUNA 4226, SPIRO 631, VOCABULISTA.

HYḌL, AR. *hayḍalat-* "troupe d'hommes armés; voix confuses; chamelle qui a beaucoup de lait". ¶. Comp. HḌL.

HYQ, **1.** AR. *hayq-*, *hayqam-* "long et mince; autruche", *ʾahyaq-* "qui a un long cou", orient. *hayyaq* "devenir imbécile, badaud", soud. *hayyaq* "se hâter, traîner", maraz. *häyyag* "marcher maladroitement en se balançant d'avant en arrière (autruche)". **-2.** ETH. tna. *hayqi* "averse, pluie intermittente". **-3.** *hiqʷ ʾabbälä* "frapper". ¶. **1.** BARTHÉLEMY 879, QLS 1206, BORIS 655. **-2.** CS 27.

HYR, **1.** AR. *hayrat-* "terrain plat, uni", SAR. sab. *hrt* "basse terre arable". **-2.** *hīr-*, *hayyir-* "moitié de la nuit; vent du Nord". **-3.** *hayrūn-* "dattes". **-4.** ETH. te. *herä* "souffler continuellement", *hera* "marcher fièrement", *herärä* "aller, attaquer", *təherärä* "se quereller, s'insulter", *herar* "marche hâtive". **-5.** AR. daṯ. orient. *hayyar* "préparer, mettre en ordre", pal. "effilocher la laine pour faire le feutre". **-6.** SAR. jib. *här* "épicé". **-7.** ARAM. Emp. *hyrʾ* : sorte d'ustensile. ¶. Certaines formes arabes comportant une initiale Y suivie des trois radicales H, Y et R (redoublée), sont en partie traités s. HYR par certains lexicographes; ils sont considérés ici comme relevant de rac. à 1ère rad. Y. - v. aussi s. HW/YR. **-1.** DIC. SAB. 58; v. s. WHR. **-2.** **-3.** V. QAMŪS. **-4.** WTS 23, 24. - HYRR dérivé intensif à réduplication partielle de HYR. **-5.** GL. DAṮ. 2895, BARTHÉLEMY 878, DENIZEAU 146; v. sur le mot en pal., DALMAN ASP V/8. -6. JL 100. < ar. *ḥārr-* (v. ḤRR) ? -7. Probablement emprunt égyptien, V. GRELOT DOC. ARAM. 211. Aussi DISO 64.

HYRR, v. HYR

HYŚ, 1. AR. *hāša* "traire une femelle". -2. *hayš-* "fange". ¶. v. aussi HW/YŚ.

HYT, 1. AR. *hayyata*, magh. *hayyət* "éloigner, pousser vers". -2. magh. *hāyət* "parler toujours de", maraz. *ihayyət* (inacc. seulement) "bavarder, dire des riens; lâcher, laisser pâturer en groupe". -3. ETH. amh. anc. *het*, mod. *yat* "où ?". ¶. 1. LENTIN 302. -2. BORIS 654. -3. GUIDI 7. ¶¶. v. aussi HW/YT.

HYTL, v. HYṬL.

HYTM, ETH. tna. *haytam* "affamé, glouton". ¶. CS 55. Comparer *hayṯam-* "petit d'aigle, etc." (v. s. HṮM) ?

HYTN, ETH. te. *haytänät* : natte utilisée par les femmes quand elles prennent un bain de vapeur. ¶. WTS 24.

HYTR, v. HTR.

HYTT, ETH. te. *hetätä* "se répandre". ¶. Langage poétique, WTS 24.

HYṮ, 1. AR. *hāṯa* "donner (peu ou en petite quantité)", *hāyaṯa* "rivaliser en faisant état d'une plus grande abondance (en richesses p. e.), puissance, influence", *tahayyaṯa* "donner". -2. *hāṯa* "être agité, être secoué (chose); causer des dégâts"; *hayṯat-* "troupe d'hommes". ¶. 1. QĀMŪS, v. aussi LANE 2910. -2. v. les renvois s. HYḎ.

HYṮM, v. HṮM.

HKB, 1. AR. *hakaba* "se moquer de". -2. daṯ. "confier à, mettre en dépôt". -3. *ʾahkab-* "courbé; les cornes en arrière". -4. ETH. te. *hakbä* "réunir, trouver, apporter", *tähakkäbä* "se rassembler". ¶. 1. KAZ. II/1432. -2. -3. GL. DAṮ. 2875. -4. WTS 21. - v. ʾKB.

HKD, AR. *hakkada* "importuner son débiteur, être dur avec lui".

HKHK, AR. *hakhaka* "se livrer à un fréquent commerce sexuel avec les femmes".

HKW/Y, 1. AR. *hākā* "regarder qn comme une bête", *ʾahkāʾ-* (pl.) "étonnés, stupéfaits", SAR. mh. *hatkī* "se pencher", ETH. g. *hakaya* "être fatigué par trop de travail; être indolent", te. *hakka*, tna. *hakäyä* "être paresseux, indolent", te. *həkkayät*, *həkkot*, *hakkäyot*, amh. *haket* "paresse, indolence", *takkätä* "être fatigué, las". **-2.** SAR. jib. *heki* se dit des pierres à chauffer le lait qui se recouvrent d'une pellicule brûlée et amère. **¶. 1.** Pour le mehri, V. JAHN MEHRI 187, BITTNER MH. ST. II 114, 128, IV 58 qui rapproche de éth. g. *hakaya* et de ass. *a/ekû* "schwach", V. aussi HOLMA ZA 1914, d'après LESLAU CDG 217; selon AHW 30, *akû* "Krüppel" est un empr. sum. BROCK. LEX. 650, suivi par CDG 217, rapproche ar. *kahiya* "être faible, poltron", h. *kāhā* "être faible, pâle", *qāhā*, syr. *qᵉhā* "être émoussé". - L'amh. *takkätä* est sans doute une reformation dénominative, V. CDG 217, comme aussi probablement le g. *tamāhkawa* "être terrifié", V. DILL. LEX. 10. - v. aussi HBK, HWK, KHY. **¶¶. 1.** V. CDG 217, pour des formes couchitiques empruntées au sémitique éthiopien.

HKK, 1. AR. *hakka* "frapper, attaquer; abattre; frotter et réduire en poudre; amaigrir; tomber en ruine, péter, rendre des excréments (oiseaux), prendre (une femme) avec violence", *hakk-* "excrément d'oiseau; pluie violente", *hakkūk-* "sot, qui parle ou agit sans réflexion", *ʾahkāk-* "fou", *hakīk-* "jeune homme qui se prostitue", ég. *hakk* "tituber de faiblesse", soud. *hakk* "courir", *hakūk* "rebut"; ETH. g. *hakaka* "se disputer; causer une insurrection, agiter, troubler", *hakak* "tumulte, révolte, discorde". **-2.** te. *hakkä* "rire comme une hyène". **¶. 1.** Les lexicographes arabes donnent la forme *hakawwak-* comme énantiosémique (*ḍidd-*) signifiant "lieu au sol dur et raboteux" et "lieu dont le sol est égal et tendre". Pour *hakka* "prendre (une femme) avec violence", comp. HQQ. **-2.** Onomatopée ? LESLAU NORTH 33 rapproche amh. *əkäkäkä* : le bruit émis par la perdrix. **¶¶. 1.** Berbère kabyle *hučč* "secouer", DALLET 287; mais v. s. /h/ pour *h* en berbère. - ? Couchitique oromo *hača* "gratter, effacer"; v. ḤKK.

HKL, 1. AR. *tahākala* "se battre". **-2.** *hakala hamm-* "se soucier de". **-3.** *hakkala* "se rengorger, marcher fièrement". **-4.** ETH. g. *hakala* "charger, mettre le bât, la selle". **-5.** te. *ʾathakkälä* "frapper sur le bras ou la jambe". **-6.** tna. *hakälä* "s'ensauvager (chat); être sévère", *hakal* "sauvage". ¶. v. aussi HYKL. **-1.** KAZ. II/1433. **-2.** DOZY II/768. **-3.** BARANOV 1089. **-4.** MAGGIORA 2. **-5.** CS 46.

HKLS, AR. *hakallas-* "fort". ¶. QĀMŪS.

HKM, AR. *hakkama* "chantonner au nez de qn", *tahakkama* "se moquer de; marcher avec fierté; se mettre en colère; tomber avec violence (pluie); se repentir". ¶. v. aussi HKL, HKN.

HKN, AR. *tahakkana* "se repentir, avoir du regret". ¶. v. aussi HKM.

≈ ≈ SAR. soq. *hukse* "peut-être". ¶. Etymologie obscure. *hu* "voici" + *kse* "trouver" ? *hu* + *k* (particule d'éloignement) + *se* "elle" ? Les deux hypothèses dans LESLAU LS 142.

HKƐ, AR. *hakiɛa* "être humble, soumis; être de mauvaise humeur"; *hakaɛa* "se reposer, faire halte; se casser à nouveau (os); tousser (chameau)"; *hukāɛ-* "rut, chaleur"; *hukaɛat-* "sot, stupide", ég. *hakkaɛ* "vieillir et se détériorer". ¶. KAZIMIRSKI II/1433. v. aussi HYḌ.

HKP, AR. *hakifa* "être agile à la marche et à la course".

HKR, **1.** AR. *hakira* "dormir profondément", *hakara* "être saisi d'étonnement". **-2.** soud. *hakar* "guetter, être en embuscade; endroit désolé, pierreux". ¶. **1.** Une forme hébraïque *tahkᵉrū* (Job 19/3) est parfois rapprochée de l'ar.; il faut plutôt lire *taḥkᵉrū* (ḥ !), V. HAL 302.

HKRS, AR. *hakāris-* (pl.) "grenouilles". ¶. KAZ. II/1433.

-HL-, séquence consonantique présente dans différentes racines exprimant la notion de "crier", v. HLHL, HLY, HLL, - v. aussi -HN-.

HL, **1.** OUG. *hl*, *hlh*, *hlk*, *hlm*, *hln* "voici que", *hlm* "aussitôt que". - ARAM. Emp. *hlw* "voici", AR. *hal* "est-ce que ?". **-2.** CAN. nh., ARAM. targ. *hal*, - CAN. h. *halᵉʾa*, ARAM. targ. *hāʾēl*, *haʾl*, *halᵉāh*, *hallā* "au loin", AR. *hala*, *halā* "ici !, venez ici !"; - CAN. nh. *lᵉhal* "là-bas, plus loin", syr. *lᵉhal* "au loin, plus loin", mand. *lhil* "là-bas"; CAN. h. *hᵃlom* "ici", ? pun. *alem* "ici", AR. *halumma* "ici !, viens ici !" - OUG. *hlny* "ici". **-3.** SAR. mh. *hāl*, *hən-*, ḥars. *hel*, *helt* "à, avec, en présence de, chez", jib. *hél* "si, quand". **-4.** SAR. *hl-* : pron. relatif.

-5. ETH. te. *hal belä* "flamber", *hal*, *hāl* "flamme". ¶. **1.** Pour Tell el-Amarna *allû*, CAD 1/I, 358; AHW 37 propose comme sens : approximativement "gewiss doch, obendrein" rapprochant de l'oug. *hl*. - Pour l'oug., V. MLC 541, v. aussi s. HT; pour l'oug. *hlm* "aussitôt que", GORDON UT 390, 391, n° 764 et 772; pour l'ar., V. WORRELL ZA 21 (1908) 116. **-2.** Sans doute peut-on poser **hāl*, adverbe de lieu, à la base de l'ensemble de ces formes, dont certaines comportent des élargissements; **hāl* est constitué peut-être lui-même de deux éléments déictiques. L'élément désinentiel *-āh* est à comparer avec la terminaison locative adverbiale (V. GES. K. § 90 b); sur *-m* , V. BROCK. GVG § 108, p. 323; une analyse de la forme hébraïque : *hl(ʾ) + um*, dans HAL 239, mais V. SCHULTHESS ZURUFE 72; l'ar. *hala/ā* souvent dans l'expression *hala/ā ḥayya* "venez, par ici !"; sur *-ny*, GORDON UT 102 qui suggère un rapprochement avec *ny* utilisé en égyptien pour des expressions adverbiales. - D'après des grammairiens anciens, l'ar. se construit comme un v. à l'impératif avec un complément prépositionnel : *halumma ʾilaynā* "venez à nous !" ou avec un complément direct et une valeur causative : *halumma šuhadāʾakum* "faites venir vos témoins". (D'après LANE 3044, qui cite le *Miṣbāḥ* d'Al-Fayyūmī). - On compare habituellement une forme oug. *bhlm* "ici" (KTU 1. 19 IV 52; V. K. AARTUN 3), mais il vaut mieux lire *bahlm* "dans les tentes". Pour le pun. (*Poenulus* 944, 948), V. DISO 66; SZNYCER ne semble pas retenir l'analyse de 944 et pour 948, voit plus vraisemblablement dans *alem*, l'équivalent de h. *ɛęlęm* "jeune homme", v. s. ƐLM. - En ar., la réponse à *halumma* est *halm-*. V. aussi LANDB. ARABICA IV/43, TORCZYNER ENTST. 156. **-3.** Fondées sur *h* ? JOHNSTONE ḤL 49; aussi ML 155; comparer HM, HN, HR, HS, HT. Pour le jib. "quand", il s'agit d'une forme locale de Sidḥ, JOHNSTONE JL 96. **-4.** Ainsi analysé dans l'expression *hl-mw* "quoi que ce soit", dans DIC. SAB. 56. **-5.** WTS 1.

HL'/H, v. s. HL.

HLB, 1. AR. *hulb-* "crins, soies, cheveux", *haliba* "avoir beaucoup de cheveux", *halaba* "arracher les cheveux, etc."; *mahlūb-* "cheval à la queue coupée", *halaba* "se moquer de, injurier"; *halbat-* "rigueur (de l'hiver, du sort, etc.)", hisp. *halb* "défilage du tissu", *mahlūb* "fuselé, en forme de fuseau"; maraz. *hallab* "déchirer, mettre en lambeaux". **-2.** *halaba* "fournir sans répit plusieurs courses (cheval)", soud. *hāylūb* "chameau rapide, vif", ? *hilib* "bateau", ? *hēlūb* "haut de taille", maraz. *h^{a}lab* "courir vite, pousser vivement devant soi"; **-3.** AR. *halaba* "tremper de rosée, ou de pluie", *hulābat-* "arrière-faix"; ? *ʾahlab-*, libyen *hilba* "abondant en produits de la terre (année)". **-4.** *halb-* "ancre, grappin, trident", ég. *hilb* "grappin; croc de boucher", *hallib* "vivre aux crochets des autres". **-5.** *mahallabiyya* "flan de farine de riz à l'eau de rose". **-6.** ETH. g. *holob* : sac à provision en peau. **-7.** te. *halbä* "faire des incisions, saigner". **-8.** te. *həlbät* : corde passée dans les naseaux d'un chameau. **¶. 1.** LANE 2897, KAZ. II/1436, FAGNAN 181, BORIS 648; hisp. chez ALC. 196, 29 s. "deshiladura delo texido" et 252, 34 s. "figura ahusada"; v. s. HLP. Il faut remarquer cependant que le verbe "deshilar lo texido" (182/12) est *hall* [*ḥall*], comme le suggère Lagarde en s'appuyant sur "desañudadura" *hall* (193/32), le verbe "desañudar" étant *hall* (178/18); faut-il donc lire *hall* et non *halb* ? Par ailleurs *mahlŭb* en raison de l'état construit *çŏrat mahlŭb* qui traduit "figura ahusada", semble un substantif qui pourrait signifier "fuseau". Le lex. d'ALC. le donne au milieu d'une liste de polygones; il pourrait s'agir du losange. **-2.** QLS 1208, BORIS 648 **-3.** v. aussi s. HLT. **-4.** DOZY II/761. **-5.** Le mets existe sous ce nom dans plusieurs régions. **-6.** CDG 217, d'ap. K.G. **-7.** WTS 3 cite, par rapprochement, l'amh. *ʾalläbä*, qu'il traduit par "schröpfen (scarifier)"; il ne semble pas que ce sens soit attesté, le v. signifiant seulement "traire", V. LESLAU NORTH 33. **-8.** WTS 3.

HLB', ETH. te. *tähalabʾa* "perdre ses forces".

HLBG, AR. *hulabiğ-*, *hulābiğ-*, *hilbāğat-* "lait épais; gros, robuste, stupide, fou". **¶.** Comp. HLBŦ; v. s. -HG- ?. V. LANE 2898, KAZIMIRSKI II/1437.

HLBLB, ETH. te. *haläbläbä* "palpiter (muscle, nerf), haleter".

HLBƐ, AR. *hulabiɛ-* "gourmand, glouton, vorace". **¶.** Rapport avec BLƐ ?

HLBS(/Š), AR. *halbas-*, *halbasīs-* "quelqu'un, quelque chose; - vêtement à peine suffisant pour couvrir la nudité"; SAR. soq. *bīləh*, *bišhol* "chose, habit". **¶.** Rapport avec LBŠ ?

≈ ≈ AR. *halbat*, soud. *halbah*, *halbat* "absolument, il faut que", ég. *halbatt* "peut-être", ARAM. nsyr. *(h)albet*, *(h)albetā*, *alhalbet* "certainement, naturellement". **¶.** Aussi en turc *helbet*, en persan *albata*, en kurde *halbat*. HINDS-BADAWI suppose l'arabe emprunté au turc *helbet* qui aurait lui-même pour origine l'arabe *al-batt*; DOZY II/761 propose d'en voir l'origine dans *lā budda* "il faut que". Pour le soudanais, V. QLS 1192 qui en attribue l'usage aux Baggāra.

HLBŦ, *hilbūt-* "stupide, fou, épais". ¶. Comp. HLBG. LANE 2898.

HLG, 1. AR. *halağa* "raconter des choses incroyables", *ʾahlağa* "cacher, celer", *hulğ-* (pl.) "rêves confus", *hālāğ-* : la lune ou le soleil quand ils brillent de tout leur éclat. **-2.** orient. *halaž* "carder". **-3.** ETH. te. *halag*, *həllug* "rapide", *tähallägä*, *tähalägа* "se presser". **¶. 1.** V. FAGNAN 181. **-2.** La forme est fournie par HARFOUCHE 417; ailleurs la rac. est ḤLG.

HLGB, AR. *hilğāb-* "grande marmite". ¶. LANE 2899.

HLGT, 1. ETH. te. *halgätä* "boire jusqu'au bout". **-2.** *həlgət* "assemblage, entassement". **¶. 1. -2.** WTS 5.

HLD, 1. AR *halada* "s'emparer de (fièvre)". **-2.** tchad. *halad* "s'installer". **-3.** ETH. g. *hallada*, *ḫallada*, *ḫallada* "finir, achever, exterminer". **¶. 2.** LPAT 513 (d'ap. Lethem). **-3.** MAGGIORA 1; CDG 260 s. *ḫallada* cite éth. tna. *ḫalädä* "perdre sa position (= être fini")", har. *ḥelada* "finir, accomplir". V. aussi s. ḪLD. **¶¶.** ALC. 390, 18 s. "saca" fournit la forme *halda*. Comme l'indiquent SIMONET 260 et DOZY s. ḪLD, le mot est espagnol; la forme fournie par PEDRO est un emprunt apparemment assez intégré pour fournir l'équivalent "arabe" d'un mot espagnol.

HLDM, AR. *hildim-* "vêtement rapiécé; sorte de couverture grossière". ¶. LA, QÂMÛS; dans LA : aussi "vieille femme".

HLHL, 1. ARAM. syr. *halhel* "écarter, éloigner", *hūlhālā* "séparation". **-2.** *halhel* "arroser", AR. *tahalhala* "se déverser (pluie)", *hulhul-* "neige". **-3.** *halhala* "tisser finement; user (un vêtement)", *halhal-* "clair, léger (étoffe); raffiné (poème)"; lib. "façonner (le pain)", ég. *halhil* "user jusqu'à la corde, injurier, réprimander, faire honte", *hulhēla*, *halhūla* "haillons", *hilihli* "bâclé", soud. *halhal* "injure; sottise"; SAR. soq. *halhal* "bête, idiot". ETH. te. *tähalhalä* "se fatiguer". **-4.** AR. *halhala* "être dans l'attente de, être sur le point de (faire qc)". **-5.** "pousser un cri perçant; s'encourager par des cris (dans la fantasia)", orient. (druze) "pleurer un mort", iraq. "faire des trilles avec la voix (au cours des réunions de réjouissance)". **-6.** AR. *halhal-* "poison, venin". -?7. ETH. te. *halhalä* "flamber; être brave; accélérer", *halhaläta* "flamme", *halhal belä*, tna. *halhal bälä* "flamber (flammes qui montent nombreuses)". ¶. 1. Formé sur *hal* "loin" ? -2. Pour *tahalhala*, GL. DAT. 2878; V. HLY. -3. DENIZEAU 543. -5. BARTHÉLEMY 872, DIA 483, SPIRO 626, QLS 1193, LESLAU LS 143, GL. DAT. 2878; v. HLY, HLL. -7. Tna. d'ap. M.H.R-T., WTS 2, LESLAU NORTH 33; v. HL, HLL, HNHN, HNN. ¶¶. En berb. méridional, *hulhəl* "radoter"; *əhəl* "ne pas avoir peur (de)", *tahūlət* "courage", V. PRASSE H 51 n°214, 54 n°235.

HLW, AR. yém. *halla*, ETH. g. *hallawa*, *hallo*, te. arg. *halla*, tna. *ʾallo*, amh. *allä*, gour. *alä* "être, exister", har. *(ḥ)al* "il y a". ¶. Pour l'ar. yém., V. AL-SELWI 214; croisement avec HLL ? v. ar. dat. *halla* "apparaître"; sur l'éth., V. M.C. SYST. VERB. 94; en g. *hallawa*, comme verbe autonome, plutôt "être dans, se trouver"; comme auxiliaire, il entre dans des constructions à valeur durative, D.C. PHRASE 211, ASPECT 190; V. aussi EDH 24, GAFAT 79, CDG 218. ¶¶. Chamito-sémitique. V. MC. ESSAI 80 n°20 : ég. *yry* "faire", "faire le (scribe, par exemple)"; berb. *el*, *īli*, etc. "être"; couch. som. *āl* (parfait *īl*) et *ān* "être, se trouver".

HLW/Y, 1. ARAM. targ. *hᵃlā*, mand. *hla* "se fatiguer". ? SAR. jib. *ähle*, mh. *hlē* "communiquer une infection, une maladie", *šəhlū*, ḥars. *šhēl* "prendre froid". -2. CAN. nh. *hulyā*, ARAM. talm. *hulyā*, *hillā*, *hīlnī*, *hillānī*, *hīlyōnī* : cri : "allons !", AR. *halā* "crier pour faire avancer un cheval; effrayer, épouvanter", *tahallā* "marcher d'un bon pas (cheval)", AR. soud. *halwah* : interjection exprimant le blâme; SAR. jib. *heleʾ* "pousser (des animaux) dans une grotte, dans une étable". -3. AR. *hilyawn-* "asperge". -4. AR. dial. magh. *tahlā*, *thallā*, *theḷḷa*, *ənthallā* *sthaḷḷa* "prendre soin de qn, le soutenir, être indulgent avec lui", *mhaḷḷi* "traité avec soin, avec égard". -5. ETH. g. *hela*, *ḫela* "sortir", *helā*, *ḫelā* "source d'eau", amh. *hela*, *ɛela* "citerne, puits profond". -6. g. *helā* "régime de dattes, fruit du sycomore". ¶. 1. -2. v. HLHL, HLW, HLL; pour l'aram. aussi *hillūp* ou *hillūq* : cris mis dans la bouche de marins, JASTROW 346. -2. V. JASTROW 339, QLS 1193, JOHNSTONE JL 97. -4. Ici ? L'étymologie n'est pas claire; les formes sont en usage dans le Maghrib occidental surtout (Ouest algérien, Maroc, mais non absentes du Maghrib occidental). V. BEAUSSIER 112 qui classe selon l'initiale *t*, FERRÉ 93 ne le signale qu'au participe *mhaḷḷe*; V. aussi LENTIN 301, HARRELL 168. Relevé dans un conte marocain d'un recueil inédit de G.S. Colin : (les musulmans qui sont) *mheḷḷīn fi dīnhum* "soucieux de leur religion". G.S. Colin signale l'emploi de *thaḷḷa fi* dans une lettre de Moulay Ismāʿīl (HESPERIS-THAMOUDA 1962, p. 45, l. 9). **-5.** V. CDG 217. **¶¶. 1.** Comp. berb. kab. *hhiləw* "être craintif, timide; être défait; avoir les traits tirés (maladie, fatigue)", V. DALLET 291; mais v. s. /h/ pour *h* en berb.

HLWD, AR. maraz. *hälwäd* "être près de sa fin (chose), se rendre à". **¶.** BORIS 649.

HLWZ, AR. tchad. *halwez* "chenille". **¶.** LPAT 513 (d'ap. Lethem).

HLWL, v. s. HLL.

HLWS, AR. dat. *halwas* "consterner", ég. *halwis*, "souffrir d'hallucinations, de délire", *halwasa* "hallucination, délire", soud. *halwas* "délirer, divaguer, parler inconsciemment", magh. *həlwəs̱* "amaigrir qn (maladie, passion)", tchad. *halwas* "fantôme"; ETH. te. *halwäsä* "tromper", *tähalwäsä* "être faux". **¶.** Comp. HLS. - V. GL. DAṮ. 2878, SPIRO 627, LENTIN 301, LPAT 513 (d'ap. Lethem).

HLZ, AR. *tahallaza* "retrousser les pans de sa robe et se mettre à la besogne". **¶.** Dans QĀMŪS; absent de LA.

HLṬ, 1. AR. *hāliṭ-* "touffu et entrelacé (céréales)". **-2.** "qui a le ventre lâche et pendant"; orient. *halaṭ* "tomber en pourriture, être réduit en charpie par trop de cuisson". **-3.** AR. *halṭat-* "rumeur, bruit vague". **¶. 2.** BARTHÉLEMY 871. **-3.** v. LHṬ.

HLK, 1. AK. *alāku*, OUG. *hlk*, CAN. h. *hālak*, phén. pun. moab. *hlk*, ARAM. anc. Emp. bib. *hlk*, *hk*, nab. palm. *hlk*, syr. mand. *hallek* "aller, marcher, s'en aller", AR. *halaka* "périr, être détruit", *tahālaka* "marcher avec grâce (femme)", *ʾihtalaka* "marcher avec fierté; se jeter sur qn", *ʾistahlaka* "détruire, mettre hors d'usage; confisquer", mod. *ʾistahlaka* "dépenser, consommer"; ég. *hālik* "mortel; déchet industriel", *hālūk* : plante parasite de certaines cultures, soud. *halākīt* "mouvement"; SAR. qat. *hlk* "se comporter", *šhlk* "achever", mh. *hīlek*, jib. *helk* "être très fatigué et assoiffé; regretter un disparu", *ehulk* "annihiler", *hélák* "difficulté, impasse", mh. *hōlək* "décédé", *həlakt* "soif", soq. *htlk* "périr", ETH. te. *halkä* "s'efforcer de, s'exténuer; mourir, crever", *haläkä* "troubler", *halkay* "fatigué", tna. *haläkä* "se fatiguer, s'agiter; aller et venir d'un endroit à l'autre sans raison", *halläkä*, amh. *tälaläkä* "s'obstiner à faire qc.", *əlkam* "têtu". - AK. *ilku* : travail accompli sur un terrain reçu d'une autorité supérieure, ARAM. bib. *halāk*, Emp. *hlkʾ* : sorte de taxe. - CAN. h. *halīkōt* (pl.) "marche, cortège, caravane", pun. *helicot* "hospitalité", *thuulech* "hôte"; SAR. qat. *mhlk* "achèvement". -2. AR. soud. *halakīt* "pans et queue d'un vêtement". -3. ETH. te. *haläk* "chiffon". ¶. 1. Rac. attestée à Ebla : CONTI QUAD. SEM. 17 (1990) propose les transcriptions */halākum/*, */halkum/* "aller" (p. 198) et */halaktum/* "voyage" (p. 199). - Les formes aram. d'inac. en *yhk* sont parfois rapportées à une racine HWK et rapprochées de g. *hoka* "agiter", V. NÖLDEKE ZA 20 (1907) 142 et BL GR. 144b; LITTMANN OLZ 33 (1930) 450 pense plutôt à la chute de *l* dans des formes utilisées de manière très fréquente. Pour les diverses acceptions d'ak. *ilku*, V. CAD 7/80; pour l'aram. *hlkʾ* (taxe), DRIVER ARAM. DOC 70; l'aram. bib. n'est attesté qu'aux participes paʿel et afʿel (Dan. 3,25, 4,26, 4,34). - Pour le phén. à Karatépé, V. F. BRON 77, 85; V. aussi ANET 654, DISO 65. Sur les formes pun. dans le *Poenulus*, (vers 934 : *thuulech* dont l'équivalent latin est "hospes"; vers 947 : *ers ahelicot* correspondant à *ḥrś hhlkt* "tessère d'hospitalité"), V. SZNYCER 78, 96. - LESLAU LS 143 rapproche l'éth. g. *hagʷəla* "périr". ¶¶. 1. Comp. berb. to. *həlallakət* "frapper de toutes ses forces", FOUC. 593 ?

HLKB, ETH. te. *halkäbä* "être près de mourir, respirer péniblement; mener ensemble"; *halakäbä* "rassembler de divers lieux". ¶. Rapport avec HLK ?

HLKS, 1. ETH. g. *həlkəs*, amh. *həlkəs*, *həlkəskəs* "tourbillon". -2. te. *mäthalkəs* "qui se cache". ¶. 1. GUIDI 4, CDG 217. -2. WTS 4.

HLKT, v. HLK.

HLL, 1. AK. *atlulu* "crier *alāla*; se vanter", *šūlulu* "saluer, acclamer", *elēlu* "jubilation"; CAN. h. *hillēl* "célébrer, louer Dieu", *tᵉhillāh* "gloire, louange", ARAM. syr. *hallēl* "célébrer", *hūlālā* "louange, hymne", mand. *halel* "exulter", *hilula* "noces, festivités du mariage", AR. *halla* "crier de joie", *tahallala* "être dans l'allégresse", *hullā(y)* "joie", *ʾahalla* "invoquer, prier Dieu", *ʾistahalla* "pousser les premiers vagissements (enfant qui vient de naître)", ég. *hallil* "hurler, vociférer", *ʾithallil* "être illuminé de joie", *hallūla*, *hullēla* "scène (de ménage)", *halḷa halḷa* : exclamation de joie, d'exhortation, *halḷa* "ciel !", soud. *hallūla* "cris, tumulte", *halīlā* : grand arbre au-dessous duquel on danse, *halla halla* : interjection pour marquer l'admiration, l'étonnement, magh. *hall* "chanter", *haylūla* "clameur, chahut, tintamarre, galimatias, imbroglio", SAR. mh. *hal-hálla*, jib. *əlhélā́ʾ*, *ləhélā́ʾ*, *ʾéləhélā́* "attention !, prends garde !, sois gentil (avec) !", ETH. g. *tahalala*, tna. *ʾəlləl bälä*, amh. *allälä* "pousser des cris de joie", te. *ʾalləl*, amh. *əlləl*, *əlləl alä* "émettre des cris de joie", te. *hawlälä* "louer, admirer", gour. *əlləl*, *ərrər* : cris de joie; te. *hallä*, tna. *halälä* "braire, hennir"; g. *halale* "étalon en rut", tna. *halali*, *həlala* "âne qui brait quand il est en rut", te. *hallä* "couvrir (une femelle)", amh. *allälä* "être en rut (cheval, âne)", gour. *aläle* "âne pour la reproduction"; te. *heläl*, *helale* : exclamation de vainqueur au jeu. **-2.** CAN. h. *yāhēl* (inacc.) "briller, faire briller", AR. *halla* "apparaître à l'horizon (lune)", *tahallala* "briller, être brillant", *hilāl-* "nouvelle lune, croissant", dat. *hall* "apparaître", ég. *hall* "paraître, apparaître", *istahall* "commencer", ETH. g. *halala* "être clair, se rasséréner", te. *ʾathelälä* "être à l'horizon", g. *həlāl* "nouvelle lune", te. *heläl* "nouvelle lune; firmament", *helal* "lever du soleil", amh. *həläl* "pleine lune"; ? te. *halälä* "peindre la face". **-3.** AR. *halla* "tomber avec violence (averse)", *hallat-*, *halāl-* "première pluie de la saison", *tahallala* "sourdre, jaillir (eau, larmes)". **-4.** CAN. h. **hālal* "être fou", *hōlēlōt*, *hōlēlūt* "folie, aveuglement", ARAM. syr. *ʾahlēl* "se moquer de", AR. *ʾuhlūl-* "ce qui est vain, futile, vanité", ETH. te. *haläwläw*, tna. *hallay* "déraisonnable, insensé; simple d'esprit". **-5.** AR. *halla* "tisser une toile (araignée)", *halal-* "toile (d'araignée)", *hall-* "clair (tissu); délicat, raffiné (poème)". **-6.** *hallala* "fuir, avoir peur, renoncer à", *halal-* "peur", *ʾahalla* "tuer avec un sabre". **-7.** SAR. mh. ḥars. *həlēt*, jib. *hílā́t* "enflure, tache sur la peau, furoncle". **-8.** SAR. mh. ḥars. *həl* "courir lentement", soq. *halla halla* "doucement"; ETH. te. *hallä*, *holälä* "se balancer, bercer", *holäle* "berceau"; *haläl belä* "se dépêcher". **-9.** tna. *halläl bälä* "se fendre, se crevasser (terre)", *tähalälä* "être entrouvert, affaissé, déprimé (terrain)"; ? amh. *hallälä* "sécher", *naholälä* "se faner, se flétrir". **-10.** gour. *hulule*, har. *ullulu* "flûte". **¶. 1.** Racine onomatopéique, v. s. -HL-; v. aussi ƐLL. Comp. grec ἀλαλά, ἀλαλάζω, lat. *ululāre*. Ak. : *alāla* est un cri ou un chant de travail, V. LANDSBERGER JNES 14, p. 20. - Racine présente en eblaïte selon une transcription */halālum/* ("louer") dans CONTI QUAD. SEM. 17 (1990) 166; - V. aussi CAD 1/I, 329 et FAGNAN 181, SPIRO 626, QLS 1192, LENTIN 300. Ce sens ne semble pas attesté en oug., malgré UT 390 et HAL 238. V. aussi LAGARDE OR. II/13, WELLHAUSEN RESTE 110, ROB. SM 1/431, GERBER

186, LITTMANN NEUAR. VOLKSPOESIE 87. -Eth. *mahala* "jurer", *tamahlala* implorer", formation à partir de dérivés en *m-* ? Il faut noter aussi que sous cette racine, peuvent être classés des verbes délocutifs à partir de la formule *lā ʾilāha ʾilla ḷḷāh* (par exemple ég. *hallil*, magh. *hallal*, etc.). **-2.** Une forme h. *hē(y)lēl* (Is. 14/12) semble la personnification de l'étoile du matin, tout comme l'ougaritique *hll* (KTU 1. 17 II 32) serait la personification de la nouvelle lune, V. TO I, 392. Pour l'hébreu, DRIVER JTS 12,63, P. GRELOT RHR 144,18, J. W. McKAY VT 20 (1972) 451. - Sur les relations entre les valeurs de 1 et 2, PALACHE 24 qui fournit de nombreux parallèles : NṢḤ, PṢḤ, ṢHL, ṢYḤ, ŚRQ, ŠRQ. - Comparer aussi ʼHL, ʼLL. **-3.** Rapport avec 2 ? En arabe, la racine semble liée à la notion de "commencement, renouvellement", *hallat-* désigne la pluie, mais surtout la première de la saison, à rapprocher de *hill-* qui nomme le commencement du mois lunaire, de *hillat-* : apparition, commencement de toute chose; LANDBERG, GL. DAṮ. 2876 signale l'usage, dans certains parlers, de *hall-* avec le sens de "finir, expirer (mois lunaire)". Remarquer le te. aussi pour *helal* "lever de soleil". Pour l'usage, rare en amharique, semble-t-il, de *həläl* "pleine lune", GANKIN 41. **-4.** JOÜON MUSJ 5 (1912) 422 rapproche de 2 : le "fou" serait un "lunatique". V. aussi LAMBERT REJ 63, 300. On peut aussi penser à un rapport avec les valeurs "crier", etc. de 1. Parallèles dans HLHL, HWG, HWK, HDG, et sans doute bien d'autres racines. - Le tna. *hällay* d'ap. WTS 4. **-5.** v. aussi s. HLS. **-6.** v. HWL, WHL. **-8.** V. LESLAU LS 143. JOHNSTONE ḤL 51 comp. à l'arabe *sāla*. **-9.** Ici ? v. cependant s. ḤLL. **-10.** EDG III/324, qui compare h. *ḥālīl* "flûte"; faut-il rappeler le grec αὐλός "flûte" ?. Le mot se trouve aussi en couchitique : oromo *ulullē*, qabenna *ulūllita*. **¶¶. 1.** Rapprochements cham.-sém. dans M. COHEN ESSAI 96 n°91 : égyptien *hnw* "cri(er) de joie" ["louange du dieu ou du roi, jubilation", FAULKNER 159]; berbère Ouargla *s-lilu*, *ss-lalaw* "pousser les cris de joie *talulyut* à l'occasion d'un événement heureux (femmes)" BIARNAY 340; aussi *urar* "chanter" ?; couchitique bédja *kʷali* "chant, poème", agagaw, bilin *halay* "chanter" (emprunts à l'éth. ?), bédja, saho *lāl* "chant de femmes", agaw, bilin *ilil* "cris de joie". Peut-être aussi berbère touareg *hall* "pleurer bruyamment", et les nombreuses formes apparentées dans les dialectes du Nord et du Sud; cependant A. BASSET GÉOG. LING. 30 relie ces dernières formes à la racine berbère HL(L) qui fonde le nom de l'oeil. Quoi qu'il en soit, le caractère onomatopéique de la racine conduit à ne donner qu'une valeur relative à ces rapprochements. **-2.** Faut-il rapprocher le nom désignant la "lune", le "mois lunaire" en berbère touareg : *tallit* (FOUCAUD 982) ? Racine berbère avec disposition différente des consonnes; < **tälilītt* < LLH < LHH, PRASSE MANUEL 170. V. aussi MAJZEL' 212.

HLM, 1. OUG. *hlm*, CAN. h. *hālam* "frapper", *halmūt* "marteau", ETH. tna. *hallämä* "envoyer une gifle". **-2.** CAN. h. *hālam*, mand. *hlm* "joindre, assembler, attacher", AR. *halīm-* "qui se colle, qui s'attache à". **-3.** *hillam-* "qui n'a pas de vigueur, lâche". **-4.** AR. *hilimān-*, *haylamān* "qui se trouve à profusion (pain, vivres)", ég. *halumma* (adj. invar.) "en abondance, à profusion". **-5.** ETH. te. *haläm ʾabälä* "prendre, arracher". **-6.** tna. *hallämä* "disparaître, se volatiliser; perdre, égarer"; *həlləm halläm bälä* "s'obscurcir (temps)", *həlmät* "obscurité, ténèbres". ¶. Pour l'oug. *hlm* "aussitôt que", v. s. HL, pour le nh. *helmōn*, *helmōnā* "jaune d'oeuf", v. s. ḤLM. - Des formes can. et ar. signifiant "ici, par ici !" sont en général fournies par les dictionnaires s. HLM; cependant, étymologiquement, elles semblent constituées sur HL, v. s., avec peut-être un suffixe adverbial en *-m*; de même oug. *hlny* "ici" est traité s. HL. **-1.** V. ASP VI/32, 43. **-4.** Rapport avec ḤLM ? **-6.** Tna. d'après CS 4 et M.H.R-T.. - Noter l'expression *haläm bälam* "dans le plus vif d'un soleil brûlant" que cite WTS 3 en la rapprochant d'une construction verbale tna. *hələm bälä* pour laquelle il fournit le sens de "pénétrer profondément".

HLMṬ, AR. *halmaṭa* "prendre et entasser, amasser". ¶. v. MLṬ, HMLṬ.

HLN, voir s. HLL pour des interjections en araméen.

HLS, 1. AR. *hals-* "gracilité, maigreur"; *hulisa* "être maigre, amaigri; être privé d'intelligence", *ʾahlasa* "marmotter entre ses dents", sourire", *hālasa* "faire une confidence à", *halsat-* "futilité", soud. *hals*, *hallās* "bas, vil", ég. *hals* "débauche, libertinage; (parole) absurde", *hallis* "se débaucher, dire des bêtises", orient. *halas* "hâbler", *hals*, magh. maraz. *häl^{e}s* "parole inutile, discours sans raison", *hləs* (coll.) "ennuis, tracas", ég. *hallis*, magh. maraz. *hlās* "plaisanter, dire un mensonge, une absurdité". **-2.** iraq. *hilas* "arracher, racler". ¶. Ar. ég. *hallūs*, *hallūš* "toiles d'araignée (coll.)" (DOZY II/761, d'après Bochtor) provient du copte; v. aussi HLL. Une forme identique désigne une plante lacustre. **-1.** BARTHÉLEMY 871, SPIRO 627, DENIZEAU 542, LENTIN 300 **-2.** DIA 481. ¶¶. Berb. to. *hǎləs* "homme sans aucune valeur"; rac. HLS + autre laryngale, PRASSE H, 56 n° 262.

HLƐ, 1. AR. *haliεa* "être inquiet, agité, désespéré", *haliε-* "inquiet", *haliε-*, *hulaε-* "avide", hisp. *halaε* "craindre, être craintif", *halūε* "craintif, peureux", **-2.** SAR. mh. *hlă*, ḥars. *hlē*ʾ "adjurer". **-3.** AR. soud. *hallaε* "descendre d'un lieu élevé", ? maraz. *hᵊlaε* "découvrir, dégager, écarter". **-4.** AR. *hilε-* "chevreau". **-5.** magh. *hālεa* "bête de somme". **-6.** SAR. mh. ḥars. *hōla*ʾ, jib. *hólaε* "ombre", soq. *šalaε* "chercher de l'ombre, jeter de l'ombre". **¶. 1.** V. VOCABULISTA, GL. LEYDE, GL. DAŦ. 2877; sur des usages anciens de cette racine, V. FISCHER FARB 196. BROCK. GVG I/336 traduit *hulaε* par "gering = insignifiant, peu important" (?); erreur pour "gierig = avide" ? **-3.** QLS 1193, BORIS 648. **-6.** Il est possible que la racine étymologique soit à première radicale *š*, malgré, apparemment, le jibbāli *hólaε*, lequel, appartenant à la langue poétique, revêt normalement une forme mehri. LESLAU LS 143 compare avec hésitation arabe *silε-* "semblable, pareil". La valeur "reflet" que *hōla*ʾ présente en mehri pourrait donner de la consistance à ce rapprochement. En mehri également, le mot a le sens de "protection" dérivé de "ombre", d'où *hūla* "appeler à l'aide", avec divers dérivés.

HLP, 1. AR. *hillawf-* "couvert de poils, velu; barbu", *hallūf-* "hérissé de crins, de soies, porc sauvage", soud. *hallaf* "sec". **-2.** ETH. te. *haläfä*, *haläf belä*, *tähalläfä* "bavarder", *həlluf*, *haläfay* "bavard", *haläfläf* "bavardage". **-3.** ETH. arg. *hulufo* "nombril" (?). **¶. 1.** V. ASP IV/160, 305; v. s. HLB. **-2.** Comp. LPLP, V. LESLAU NORTH 33 qui cite : tigrigna *läfläfä*, *wäläfläfä*, amh. *läfälläfä*. **-3.** v. ci-dessous. **¶¶. 3.** Pour l'éthiopien argobba *hulufo* "nombril", fourni par M.COHEN NEE 413, il ne semble pas avoir reçu de confirmation jusqu'ici. Il faut néanmoins souligner qu'un mot qui apparaît sous des formes diverses en éth. pour désigner le "nombril" comporte en général une consonne laryngale ou pharyngale, une liquide (orale ou nasale) et une dentale : g. te. *ḥənbərt*, tna. *ḥanbärti*, amh. (et aussi arg.) *ənbərt*, har. *hambūrṭi*, gour. *əmbərbiṭ* (peut-être relié à amh. Gondar *gumbəra*, gaf. *gumberä*). En couch., des formes analogues se trouvent en qua. *gumbera*, qem. *gämbära*, kham. *herbir*; V. aussi CERULLI HARAR 254, CDG 236. M. C. ESSAI 102 n° 123 compare aussi <u>*hp*</u>ʾ[*w*], copte *həlpe* "nombril"; ajouter berb. Ouarsenis *tahanbut* (que R. BASSET OUARSENIS 100 relie à zwawa *täεbuṭ* "ventre") ? V. LACAU, 78, §§ 199-201. Contre : DELC 298 qui récuse le rapprochement de l'éthiopien avec le copte et invoque pour celui-ci la racine sémitique ḤLP, ar. *ḥilf* "pacte", etc. où il décèle, à la base, la notion de "liaison" (d'où le "cordon ombilical").

HLPT, **1.** AR. ég. soud. *halfūt* "peu important, insignifiant". **-2.** ETH. te. *halfätä* "être agité, inquiet; marcher d'un pas pressé", *tähalfätä* "recevoir; prendre, saisir rapidement; rencontrer à l'improviste"; *tähalafätä* "être inconstant, contradictoire; serpenter; exciter". **¶. 1.** QLS 1193. Peut-être à comparer à HLP ? **-2.** WTS 5.

HLḌ, AR. *halaḍa* "extraire, arracher une chose de sa place".

HLḌM, **1.** AR. ég. *halḍam* "marmonner, grogner, délirer"; *hilḍām* "dénué de sens; évasif". **-2.** *halḍam* "s'approprier".

HLQ, **1.** AR. *halaqa* "être rapide à la course". **-2.** ETH. te. *haläqläqä* "être épuisé". **¶. -2.** v. ḪLQ. **¶¶.** v. s. H.

HLQB, AR. *hillaqb-* "violent, extrême (faim)". **¶.** v. HLQT, HLQM.

HLQṬ, v. LQṬ.

HLQM, AR. *halqama* "avaler", *hilqām* "gros mangeur". **¶.** v. LQM, ḤLQM.

HLQT, AR. *hillaqt-* "fort, intense". **¶.** QÂMÛS.

HLT, **1.** AR. *halata* "peler, écorcer", *ʾinhalata* "s'esquiver", *hulātat-* "arrière-faix", ETH. te. *haltä* "poursuivre, pourchasser". **-2.** SAR. mod. ḥarṣ. *helt* "avec". **¶. 1.** v. aussi HLB. **-2.** Forme élargie de *hel* ?, V. JOHNSTONE ḤL 49, 51. Croisement de *hl* et *ht* ? v. H, HL. **¶¶.** Te. *halät* "extase" < ar. *ḥalat-*.

HLṮ, **1.** AR. *haltā(y)*, *haltāʾ-*, *hiltāʾ-*, *hiltaʾat-* "cohue, troupe d'hommes bruyants". **-2.** *haltā(y)*, *hiltāʾat-* "langueur de tout le corps". **¶. 1.** LANE 2899.

-HM-, Base biconsonantique élargie de diverses manières : - redoublement de la 2ème radicale (HMM); - redoublement total : (HMHM); - élargissement par semi-voyelle finale (HMY), médiale (HWM); - par liquide finale (HML) ou initiale (NHM), peut-être par semi-voyelle médiale HW/YM. Les sens principaux sont "foule, faire du bruit"; aussi "fredonner"; "préoccuper, troubler" ou "être préoccupé, troublé". - v. s. -HB- (*NB*). **¶.** Rapport avec HWN ?, v. PALACHE 24 qui signale aussi, pour les mêmes faisceaux de sens, les rac. QHL, SWD, BWŠ.

HM, OUG., *hm* "si (conj.)", *hm ... hm* "ou (bien) ... ou (bien)", SAR. sab. *hm*, *hmy*, mod. mh. *hām*, *hăn* "si". ¶. V. GORDON, 391, WAGNER 145, 151, BROCK. GVG II/525; pour le sar., DIC. SAB. 56; noter qu'en ḥars. la conj. est *ʾam*. - v. aussi les renvois s. H et ʾ/HM/N. - Pour le pron. de 3ème pers., v. s. H.

HMʾ, **1.** AR. *hamaʾa* "déchirer, user (ses habits)". **-2.** magh. *hamāʾ* "couler (larmes); répandre des larmes". -? SAR. soq. *hamaʾa* "huître", ETH. te. *hamʾa* "tremper dans l'eau", *haməʾ*, *hamʾat* "dissolution". ¶. **2.** Comp. HMY. - Pour le soq., V. LESLAU LS 143; la forme *hamaʾa* semble un hapax peu clair.

HMB, ETH. tna. *hambähambo* "homme qui en impose par l'apparence, mais qui est en réalité dépourvu de valeur". ¶. D'après M.H.R-T. - Comparer HMBK, HMBL.

HMBB, v. HBB.

HMBZ, AR. soud. *hambaz* "se rassembler (chevaux, p. e.)". ¶. QLS 1194.

HMBK, **1.** AR. ég. *hambaka* "se faire passer pour ce qu'on n'est pas, avec force effusions et flatteries", *himbāk* "flatteur, hypocrite, vantard". **-2.** soud. *hambūk* "plante parasite". ¶. **1.** Les formes égyptiennes sont réalisées avec emphase du *b* et du *m*; HINDS-BADAWI rapprochent de l'anglais *humbug* "charlatan, embobineur". Rapport avec HMB ? **-2.** QLS 1194.

HMBL, **1.** AR. soud. *humbul* "faible d'esprit", *hambūl-* "épouvantail (pour les oiseaux)". **-2.** ETH. te. *hambäl belä* "tituber". **-3.** *həmbalät* : bande ventrière de la selle de chameau; marque au fer rouge sur le flanc des vaches. **-4.** tna. *hambäl* "brave soldat; homme robuste et fort". ¶. **1.** QLS 1194. **-3.** Probablement < ḤMBL, v. s.

HMBLQ, ETH. te. *hambaläqä* "tordre, tortiller".

HMBLŠ, ETH. te. *həmbələš belä* "sauter (enfant, homme au combat); lutter pour ne pas être chargé (jeune chameau)".

HMBS, ETH. tna. *həmbaša* "pain de blé cuit à l'européenne, pain à croûte; centre, point central". ¶. Ainsi dans CS qui oppose à *ḫəbəsti* "pain sans croûte"; la forme est à ḥ initial selon M.H.R-T. (à rattacher étymologiquement à ḪBZ ?).

HMBRB, AR. soud. *hambarīb* : souffle de vent rafraîchissant. ¶. V. aussi s. HBRM. V. QLS 1194.

HMBRK, AR. soud. *hambarōk* : *ḏura* avant cuisson.

HMBT, v. NHBT.

HMG, 1. AR. *hamiğa* "avoir faim", *ʾihtamağa* "être affaibli, abattu, énervé par la chaleur", *hamağa* "étancher sa soif complètement en buvant une seule fois (chameau)", *hamağ-* "faim; moucherons; hommes stupides, insensés, hommes de la plus basse classe", iraq. *hamağ* "barbare, sauvage", ég. *hamagi* "grossier, brute, barbare", tchad. "saumâtre, salée (mare, trou d'eau)", lib. *hamaž* "bâcler, troubler", magh. "donner un coup de dent", hisp. *hamaja* "moustique", SAR. mh. *həmáyg* "stupide, ignorant", ETH. te. *hammäğä* "détruire la puissance de, soumettre, abaisser", *tähammäğä* "être humble, s'humilier, s'abaisser; être serf". -2. SAR. mh. *hmūg* "être plongé dans ses pensées", jib. *hőg* "réfléchir tristement". ¶. V. LANE 2899 pour différentes autres valeurs connexes, mentionnées par les lexicographes arabes; aussi DIA 482, LPAT 514 (d'ap. Lethem), DENIZEAU 543, BEAUSSIER 1029, VOCABULISTA.

HMGM, ETH. te. *ʾəb hamgäm* "soudain, à l'improviste".

HMD, 1. AR. *hamada* "s'éteindre, mourir (feu)", *ʾahmada* "éteindre; s'arrêter dans un lieu; se calmer (vent)", *hamdat-* "catalepsie; extase, état de faible vitalité", daṯ. *hammad* "tomber sur qn à l'improviste quand tout est tranquille", *hāmada* "attaquer", ég. *himid* "calmer; s'épuiser", *hamad* "projeter vers le bas", magh. *hmad* "se calmer, s'éteindre, se taire", maraz. *hämmäd* "battre très lentement des ailes (corbeau), lancer des lueurs à des intervalles espacés (éclairs)", *mahmūda* "désert sauvage", ɛom. *himid*, SAR. ḥars. *hemōd* "se consumer (feu)", ETH. te. *hamdä* "s'éteindre, s'affaisser". -2. AR. *hamīd-* "impôt, taxe", SAR. qat. *hmd* "imposer une taxe". ¶. 1. Comp. ḪMD et v. LANE 2899, 3045, GL. DAṮ. 2879, SPIRO 628, BEAUSSIER 1029, BORIS 645, JOHNSTONE JL 52, WTS 8. -2. BEESTON QAHTAN I, 8.

HMDR, AR. daṯ. *hamdar* "gronder (chien)". ¶. GL. DAṮ. 2879.

HMĐ, AR. *hamāđiyy-*, *humāđiyy-* "rapidité, vélocité; intensité, violence (pluie, chaleur)". ¶. LANE 2900; d'ap. GL. DAT. 2879, aussi *ḥumāđiyy-* ["chaleur intense", QÂMÛS].

HMHM, 1. ARAM. talm. *hamhēm* "roussir". **-2.** AR. *hamhama* "parler bas, murmurer; grommeler, gronder", *hamham-* "lion", *hamhāmat-, humhūmat* "troupeaux nombreux de chameaux", ég. *hamham*, *hamhim* "marmonner, grogner", hisp. *hamham* "rugir"; orient. *hamham* "faire lentement ses préparatifs"; ETH. te. *hamhamä* "gronder, mugir; soupirer; menacer", tna. *hamhamä* "bruire, résonner; hennir, rugir", *həmhəm bälä* "menacer en grondant", amh. *həmhəm, həmhəmm alä, həmməhəmm alä* "murmurer, gémir, roucouler; craquer, gronder", te. tna. amh. *həmhəm* "tourterelle". **-3.** tna. *hamhamä* "être affaissé, écroulé". **-4.** te. "mûrir, porter de la semence". **¶. 1.** V. DALMAN 114. **-2.** Pour l'hisp., VOCABULISTA; les différentes formes amh. respectivement dans PRAET. AMS 132, GUIDI 4, GANKIN 41, BAETEMAN 5. v. HMM et les renvois s. -HM-. **¶¶.** v. aussi ḤMḤM; - **2.** Eg. *hamham* "crier, cri de guerre, tonnerre", V. STRICKER dans DELC 302.

HMZ, AR. *hamaza* "presser, pincer, piquer; repousser, frapper, casser", ég. *hamaz* "éperonner", *hamz* "médisance". **¶.** Comp. MHZ. En ar. ég., on relève aussi *mahmiz* "stimuler, encourager", dénominatif, sans doute sur *mahmūz*, *muhmāz*, *mihmāz* "éperon", **¶¶.** Aussi en berb. mzab. *əhməz* "piquer, chatouiller en piquant", DELHEURE 74.

HMZG, ETH. te. *hamzägä* "s'inquiéter", *hamazägä* "délibérer (par peur)". **¶.** WTS 8 donne aussi pour *hamzägä* le sens "arracher", qualifié de rare. Comp. s. -HM-.

HMZM, ARAM. nsyr. *hamzem* "parler". **¶.** Base onomat. ? V. MACUCH-PANOUSSI 47.

HMṬ, AR. *hamaṭa* "priver qn de ce qui lui est dû, spolier; être peu délicat, difficile dans le choix de sa nourriture, de ses propos", ég. *hamaṭ* "engloutir (nourriture fluide)", *hammaṭ* "ramollir".

HMY, 1. CAN. h. *hāmāh* "faire du bruit, bruire, mugir; être agité", nh. "être avide, envieux", h. *hāmōn* "tumulte, bruit; foule, abondance", ARAM. syr. *hāmān* "enfers", mand. *himun* "gardien du purgatoire". **-2.** AR. *hamā* "couler; verser des larmes; errer çà et là (chameaux); tomber", tchad. *hāmi* "fertile", ETH. te. *hamäy wäda* "être indulgent; s'en aller", ? ARAM. talm. *ʾahmēʾ*, syr. *ʾahmī* "détourner les yeux, négliger". ¶. **1.** En aram. anc., une forme mutilée *hm[* dans SFIRÉ IA 29 appartient peut-être à cette racine, V. DISO 66. Pour le néo-hébreu, JASTROW 355; sur le syriaque *hāmān*, V. GEIGER ZDMG 21 (1867) 491 : < hébreu *hāmōn*. **-2.** BROCKELMANN LEX. 177 fait dériver la forme syriaque de l'arabe *ʾaɛmā*; douteux. L'arabe tchadien d'après Lethem, V. LPAT 515. ¶¶. v. les renvois s. -HM-. - V. PALACHE 24.

≈ ≈ CAN. nh., ARAM. talm. *himyān*, *himyānā*, syr. *hemyānā*, *himyānā*, mand. *himiana*, AR. *himyān-* "ceinture". ¶. < persan *himyān-*, V. LAGARDE GA 39/97.

HMK, 1. AR. *hamaka* "presser, talonner quelqu'un", *tahamakka*, *ʾinhamaka* "être absorbé par un sujet", *ʾihmākka* "être rempli de colère", ég. *hamak* "broyer, mettre en purée". **-2.** AR. *mahmūk-* "qui a un dos long (cheval)". **-3.** soud. *hamkah* "herbe de la mare (?)". **-4.** SAR. jib. *hũk* "voici pour toi !". **-5.** ETH. te. *həmk wäda* "être effrayé". **-6.** tna. *hammäkʷä* "perdre ses biens". ¶. **3.** Ainsi dans QLS. L'exemple qui est donné à l'appui, laisse penser qu'il peut s'agir d'un matériau utilisé dans la construction : peut-être le "chaume" ? (O.B.). **-4.** JOHNSTONE JL 97. La consonne finale est certainement le pronom suffixe de 2ème personne; comparer s. HNK, v. aussi s. H. **-5.** Ainsi dans WTS 8; MUNZIGER fournit *ḥamk* (*ḥ* !). **-6.** D'après CS 13, le verbe, synonyme de *hammätä*, est employé surtout lorsque la perte est causée par un incendie.

HMKR, SAR. ḥars. *hemkār* "boue, saleté". ¶. V. JOHNSTONE ḤL 52. Peut-être d'origine persane.

HML, 1. OUG. *hmlt*, CAN. h. *hᵃmullāh, hᵃmūllāh* "multitude", ARAM. anc. *hml* "vacarme". **-?2.** AR. *hamala* "déborder; pleuvoir continuellement, être baigné de larmes (yeux)". **-3.** "paître librement (bestiaux)", *ʾahmala* "abandonner, laisser aller, négliger", *ʾihmāl-* "état d'abandon (orphelin sans tuteur)", *himl-* "vêtement grossier, rapiécé", pal. *hāmil* "vagabond", ég. *hamal*, *ʾahmal*, *hammil* "négliger", *muhmalāt* (plur.) "déchets", magh. *hmal* "errer, vagabonder, abandonner toute occupation", ETH. te. *hammälä* "négliger; se fatiguer", *hammali* "imprévoyant, distrait". **-4.** ARAM. talm. *hīmaləttā* "gingembre en conserve". ¶. **1.** v. s. -HM-. **-2.** V. LANE 3045, FAGNAN 181, BAUER WB 348, BEAUSSIER 1030. **-3.** v. HMƐ, HMR.

HMLG, AR. *himlāǧ-* "qui marche d'un pas aisé (cheval); très maigre (brebis)"; magh. tun. *hamlaž* "aller l'amble". ¶. Comp. HMLƐ, HMLQ (et v. les renvois s. -HM- ?).

HMLṬ, AR. *hamlaṭa* "prendre, ramasser, rassembler". ¶¶. v. HLMṬ, MLṬ.

HMLƐ, 1. AR. *hamallaε-* "qui marche d'un pas ferme, rapide". **-2.** "perfide, rusé". ¶. < MLƐ ? FRAENKEL, BEITRÄGE 14; croisement de HMƐ et MLƐ ? LANDBERG, GL. DAṮ. 2881. Comp. HMLG, HMLQ (et les renvois s. -HM- ?).

HMLQ, AR. *hamlaqa* "marcher d'un pas rapide". ¶. Comp. HMLG, HMLƐ (et v. les renvois s. -HM- ?).

HMM, 1. CAN. h. *hāmam* "se mettre en mouvement, troubler", nh. ARAM. targ. *hᵃmam* "déranger, chasser", *ithamam* "se faire des incisions" (?), AR. *hamma* "penser, songer; se proposer de, avoir l'intention de; préoccuper qn, consumer", *hamm-, himmat-* "souci, préoccupation, chagrin", *muhimm-* "grave, important", *humām-* "magnanime, brave", soud. *himma* "énergie, zèle", magh. *hammān* "fanfaron, bravache", haḍr. *hamm* "se dépêcher", ḍof. "oser"; SAR. mh. *həm*, jib. *himm* "être capable de", *šhəmím* "avoir le courage de", mh. jib. *ham* "soin, souci", ḥars. *hem* "se préoccuper de", ETH. te. *hammä* "se soucier de", *ham* "intelligence, jugement; l'imprévu", *həmām* "deuil". **-2.** AR. *hamma* "fredonner", *hammama* "murmurer, marmotter", ég. (langage enfantin) *hamm* "nourriture; mange !", ETH. te. *hammä* "bruire, gronder, murmurer", tna. *hamämä* "gronder", te. *hamäm belä* "parler de manière enfantine, parler beaucoup, stupidement", *ham ʾabälä* "être stupide", tna. *ʾəmm bälä, ʾəmməm bälä* "murmurer", gour. *əmm *balä* "être silencieux, être tranquille". **-3.** AR. *hamūm-* "qui donne beaucoup d'eau (nuage, puits)", *hamīm-* "pluie fine"; ? *hamma* "faire fondre, liquéfier la graisse". **-4.** *hāmmat-* "bête qui rampe (reptile, scorpion)", SAR. jib. *häm* "grand serpent". **-5.** ETH. te. *həm ʾabälä* "écraser", tna. *hamämä* "être affaissé, écroulé; être apaisé (courroux), adouci (mets avec piment), édulcoré". ¶. v. les renvois s. -HM-. **-1.** Ebla : transcription proposée par CONTI QUAD. SEM. 17 (1990) 184, */muhtammu(m)/* "celui qui a soin". - Un hapax biblique *hᵃmāmānū* (lect. *hᵃmāmanī*, Jér. 51/34) est donné parfois (ainsi dans la TOB) comme signifiant "il m'a sucée", traduction fondée sur l'ar. *hamma* "consumer, épuiser qn (maladie p. e.)", V. HAL 241. - Pour l'aram. **ʾithamam-* (Dt 14/1), V. DALMAN WB 115, JASTR. 355. - Les formes à valeur "soin, souci, se préoccuper de" sont sans doute des empr. à l'ar. Sur une forme *hm* "affaires", en sar., V. BEESTON AION (1982) 311. - Pour l'arabe dialectal, LANDBERG, GL. DAT. 2878. -2. V. LESLAU, EDG III/42. Comparer HMHM. Dans le langage enfantin en arabe d'Egypte, on relève aussi : *ʾamm*, *mam*, *mammah*; pour ces formes et d'autres, iconiques ou onomatopéiques, v. s. M. -3. v. ḤMM. ¶¶. Berb. kab. *hhəmhəm* "être surpris, interdit", DKF 291.

HMN, v. ʾMN, HMY.

≈ ≈ ARAM. bib. *hamᵉnūkā*, targ. syr. *hamnīka* "collier". ¶. < pers. V. LAG. GA, 40, ROSENTHAL GRAM. 59.

≈ ≈ ARAM. talm. *himnēq* : sorte de cuiller ou de fourchette.

HMS, 1. CAN. h. **hāmas* "imaginer", ARAM. targ. *hammes* "réfléchir", syr. *hᵉmas* "penser; se diriger vers", AR. *hamasa* "marmotter, parler bas; mastiquer sans ouvrir la bouche", *hams-* "son très léger, secret", ég. *hamas* "toucher légèrement; chuchoter", *hamsa* "chuchotement; instant". **-2.** CAN. h. *hᵃmāsīm* (pl.) "petit bois, branchages". ¶. Voir aussi sous HNS. **-1.** L'hébreu en Job 21/27 en corrigeant *taḥmosū* en *tahᵃmosū*, V. JACOB ZAW 32 (1912) 286, WAGNER 46. - Araméen targoumique dans DALMAN WB 115. - v. -HM-. **-2.** Hapax dans Is. 64/1 rapproché d'ar. *hašīmat-* "morceau de bois cassé" par BARTH ES 56, d'ar. *g̱amīs-* "broussailles" par GUILLAUME JBL 76/42.

HMSS, AR. magh. *hamsas* "marcher sur la pointe des pieds; manger du bout des dents". ¶. Comp. HMS.

HMƐ, 1. AR. *hamaεa* "répandre des larmes (oeil); tomber (pluie, rosée, etc.)", *ʾuhtumiεa* "être changé, altéré (couleur)". **-2.** *haymaε-*, *himyaε-* "mort violente, instantanée". ¶. **1.** v. HML, HRMƐ, HRƐ. **-2.** v. HMƓ.

HMƓ, AR. *hamag̱a* "briser, casser, fracasser; se fermer (plaie)", *himyag̱-* "mort instantanée". ¶. v. HMƐ.

HMṢ, AR. magh. *hamaṣ* "marcher, aller comme un aveugle, patauger".

HMQ, 1. AR. *hamiq-* "tendre, frais, juteux (herbe)". **-2.** *himiqq-* "fou", *himiqqiyy-* "démarche avec balancement d'un côté à l'autre". ¶. **2.** v. HMQƐ ? Comp. ḤMQ, MWQ.

HMQƐ, **1.** AR. *humaqiε-*, *hummaqiε-* "sot, stupide". **-2.** fruits de certains épineux. ¶. **1.** v. HMQ ? Comp. ḤMQ, MWQ.

HMR, **1.** OUG. *mhmrt*, CAN. h. *mah*ᵃ*morōt* (pl.) "gouffres", AR. *hamara* "répandre, verser (eau, larmes)", *hamrat-* "averse", magh. tak. *h*ᵃ*maṛ* "grouiller, fourmiller en se portant vers une direction (vers, insectes)", SAR. jib. *hũr* "craindre une attaque venant d'un certain secteur" - ? sab. *hmr* "sperme. **-2.** AR. *hamrat-* "discours irrité", orient. *hamar* "grommeler, hennir, ronronner", pal. *hammar* "aboyer, hurler (chien), grogner, gronder". **-?3.** tchad. *himmar* "regarder avec mépris, colère", ? soud. *hamīra* "pauvre errant; très vieille femme", ETH. te. *hamrä* "être maigre, inutile, sans valeur". **-4.** AR. ég. *hamr* : fait d'une certaine fine terre réfactaire (vaisselle). **-5.** ARAM. mand. *hamrah*, AR. boukh. *hamrōh* "compagnon, camarade". **-6.** ETH. tna. *hamär*, *homär*, *həmor*, amh. *homär*, *humär* "tamarin". ¶. v. s. -HM-. **-1.** Comparer HMRB, HMRG, HMRGL, HMRR, HMRŚ, HML, HMƐ. Pour l'ougaritique, V. en particulier CASSUTO IEJ 12 (1962) 81; pour l'arabe, MARÇAIS, TAKROÛNA 4189. **-2.** LANE 2900, DENIZEAU 543, BARTHÉLEMY 872. **-3.** ROTH, LPAT 514 (d'après Lethem), QLS 1195. **-5.** MD 124, VINNIKOV 233; < persan. **-6.** En amharique aussi *komar (hendi)*. En arabe, la forme est *ḥumr*, *ḥumar*, V. LANDBERG, GL. DAT. 482.

HMRB, ETH. te. *tähamräbä* "être comme un chameau mâle, être courageux, furieux". ¶. WTS 7.

HMRRB, comp. HMRB et v. s. HBRRB.

HMRG, AR. *hamraǧa* "être mêlé, confus; bavarder", *hamraǧat-* "confusion, vacarme, tumulte; agilité, célérité; vanité, fausseté", *humarraǧ-* "pénétrant (en affaires)". ¶. - v. les renvois s. -HM-.

HMRGL, AR. *hamarǧal-* "rapide à la course". ¶. Comp. HMR, HMRG. ¶. - v. les renvois s. -HM-.

HMRR, ETH. te. *hamrärä* "déverser violemment". ¶. Comp. HMR. - v. les renvois s. -HM-.

HMRŚ, **1.** AR. *tahamraša* "s'agiter (peuple)", *hamrašat-* "mouvement". **-2.** *hammariš-* "vieille femme, chamelle riche en lait, chienne". ¶. **1.** Comparer HMR, HMŚ et v. les renvois s. -HM-.

HMŚ, AR *hamiša* "être bavard", *hamaša* "réunir, rassembler; mordre; traire (une chamelle)", *tahammaša* "sourdre (eau dans un puits)", *ʾihtamaša* "se mêler, se remuer, s'agiter avec bruit (foule)", *hamšat-* "pêle-mêle, confusion", orient. *hamš* : cri pour calmer un cheval pétulant, dat. *hamaš* "démanger", iraq. *himaš* "saisir", *hammaš* "gesticuler", ég. *hamaš* "gober, avaler vite"; *hamūš* "moucheron(s). - AR. *hāmiš-* "marge d'un livre". ¶. GL. DAT. 2880, DIA 482. - v. s. -HM-. ¶¶. Berb. to. *həmshəməs* "être surexcité"; formation secondaire à partir de *musu* "(se) remuer" ? V. FOUC. 608.

HMŚR, **1**. AR. ég. *hamšari* "énorme, géant; généreux et expansif". **-2**. dat. *hamšūr* : ver qu'on trouve dans les excréments. ¶. **-2**. GL. DAT. 2880.

HMŠ, AR. *hamasa* "briser; exprimer (le raisin, une baie, etc.)", orient. *hamas* "rosser", SAR. sab. *hmš* "écraser l'ennemi"; ETH. te. *hamäšäy* "(chameau) porteur". ¶. v. aussi HMŠŠ.

HMŠŠ, ETH. te. *hamšäšä* "réduire en morceaux". ¶. Comp. HMŠ.

HMT, **1**. AR. *hamata* "être noyé dans la graisse, dans une grande quantité de liquide", *ʾahmata* "parler, rire tout bas", magh. maraz. *h^{a}mat* "attirer discrètement l'attention"; ? *hämmät* "donner un coup de haut en bas", ETH. te. *hammätä* "bouillonner". **-2**. tna. *hamätä* "perdre, se ruiner; être dépouillé de ses biens". ¶. **1**. BORIS 649.

HMTK, ETH. te. *hamtäkä* "s'affaiblir; pincer légèrement". - v. s. -HM-.

-HN-, "crier; faire du bruit" : HNHN, HNN, HNG, HNGM, HNFG, HNQ, et -HL-.

HN, **1**. OUG. *hn*, CAN. ph. *hn*, pun. **ynn*, h. *hēn*, ARAM. ya., palm. jar. *hn* "voici !", CAN. h. *hēnnāh* "ici, par ici", AR. *hunā*, dial. *hanna*, *hinna* "ici". **-2**. AR. *han-*, *hann-* "chose", *hinnat-* "petite chose", *hannat-* "quelque chose", soud. *hināy*, tchad. *hana* (fém. *hint*) : particule exprimant l'appartenance, la matière, etc.; SAR. sab. *ʾhn*, *ʾhn-mw*, *ʾhnn* "à quelque moment que ce soit, où que ce soit, quoi que ce soit", *hn*, *b-hn* "parce que", mh. *ləhān*, jib. *ʾin*, *lin*, *lhin*, ḥars. *hən*, *həmməh* "tout ce que". **-3**. SAR. ḥaḍr. *hn* "de, à partir de". **-4**. mh. *hen-* "avec, en présence de". **-5**. jib. *hun*, *hútun*, mh. *hõ*, mh. đof. *ḥõ*, soq. *ʾóʾo*, *hóʾo*, *ʾō*, *hō*, *hōn*, baṭḥ. *ḥān(ə)*, hob. *hútun* "où ?". **-6**. ETH. te. *hən gäʾa* "rester muet, être stupéfait", *hən* "confusion", *han belä* "montrer de l'étonnement", *han gä'a* "devenir désert", tna. *hana*, *hona* "déserté, désolé (lieu)". **-7.** *hən wäda* "apaiser". **¶.** Pour le pron. de 3ème pers., et aussi pour la désinence *-hn*, marque de l'"état déterminé" en sar. ḥaḍr., v. s. H. **-1.** Oug., AARTUN II, *passim*, XELLA 33; ph. et pun., FRIEDRICH GRAM. 131; discussion des formes pun. dans SZNYCER POEN. 77, 106; ya. dans DION 177; pour l'ensemble des formes épigraphiques septentrionales, DISO 66; sar., comp. aussi HL. Peut-être l'éth. te. *hon*, *hone* : cri pour arrêter les animaux, placé s. HW/YN dépend-il de cette racine ? - V. GVG I/323 §108c. Peut-être aussi en oug. dans KTU 1. 23/75. - v. s. H, aussi s. '/HNN; comp. s. HNK. **-2.** Pour l'aram. syr. *hᵉnā* = ar. *han*, BROCK. LEX. 178. - L'ar. est utilisé souvent pour désigner les organes génitaux masculins ou féminins, V. LANE 3045, NÖLD. NBSS 119, LANDB. GL. DAT. 458, qui signale des emplois dialectaux; pour le tchad. de l'Est, H. CARBOU, TCHAD, 68, 70; pour l'emploi de *hanā* + pronom personnel avec une valeur analogue à celle du v. "avoir", V. LPAT 516 (d'ap. Lethem); v. aussi s. HYL. Les formes jib. montrent qu'il y a une base *'n* développée, de la façon usuelle en sar. mod. : ' > *h*; la forme ḥars. *həmməh* est *hən* + *məh* suffixe déictique usuel. **-3.** En corrélation avec *εd* : *hn ... εd* "de(puis) ... (jusqu')à", V. BEESTON GRAMMAR 56. **-4.** v. HL. **-5.** Comme les formes en 2, celles-ci relèvent étymologiquement d'une rac. en 'N dans laquelle ' a subi un traitement usuel (> *h*), v. 'N(Y), '(Y)N. **-6.** WTS 17, LESLAU NORTH 34 qui pour *han gä'a* "devenir désert", etc., suggère un rapport avec te. tna. *εona*, amh. *ona*, *wona* "vide". v. aussi HN'/W/Y. **-7.** Comp. HN'/W/Y. **¶¶.** v. 'N(Y), '(Y)N, '/HNN. Pour un rapport éventuel avec le copte, DELC 292.

HN'/W/Y, **1.** CAN. nh. *hānā* "être content de, se plaire à, jouir de", ARAM. jp. *mthnh* (part.) "utiliser à son profit", targ. syr. *hᵉnā* "être agréable, utile; plaire", mand. *hna* "plaire, être plaisant", AR. *hani'a* "être sain, facile à digérer (aliments)", *hani'a* "se réjouir", *hin'-* "don", tham. *hn* "tranquillité", ṣaf. *hnyt* "bonne santé", orient. *həni* "se réjouir, avoir du plaisir, féliciter", ég. *hini* "être agréable", *hanna* "rendre heureux, féliciter", hisp. *nihanni* (inacc. 1ère pers.) "féliciter", *hanī* "heureux", magh. *hnā* "se tranquilliser", *hanna* "tranquilliser, congratuler", lib. *hana* "santé, bonheur", *stahanna* "trouver du plaisir à", *tehnāyē* "félicitations, cadeau de noces", SAR. sab. *hn'* "bien portant, de bonne qualité", qat. *hn'* "profit". **-2.** AR. *hinā'-* "goudron (avec lequel on enduit un chameau qui a la gale)". **-3.** *hin'-* : partie de la nuit, *hinw-* "temps". **-4.** ETH. te. *han'a* "nuire", *tähannə'a* "se faire du mal; être silencieux". **¶.** v. aussi HN, HNY. **-1.**

Comparer éthiopien tigré *hən wäda* "apaiser", s. HN; v. HNHN. V. DISO 67, JASTR. 357, LITTMANN SAFA 310, VAN DEN BRANDEN IT 104. Arabe dialectal, BARTHÉLEMY 874, DENIZEAU 544, BEAUSSIER 1031; Hispanique : VOCABULISTA; GLOS. LEYDE signale l'usage d'un mot de cette racine *ʾlhanāt* pour désigner les "pudenda". Pour le qatabanique, V. RHODOKANAKIS KTB I/50. **-3.** Rapport avec 1 ? **¶¶.** Berbère mzabite *hannət* "rester tranquille, tranquilliser"; mais v. sur le statut de *h* en berbère, les remarques s. /h/.

HNB, 1. AR. *hanab-* "stupidité", ? tham. *hnb* "être sot". **-2.** dat. *hanāba*, pal. *hanābe*, *hennābe* : écuelle de bois, ETH. g. *hənb* : jarre à large orifice. **¶. 1.** Thamoudéen : interprétation de IT 374. Comparer HNBG; peut-être aussi HNBṢ, HNBL ? **-2.** Arabe : V. LANDBERG, GL DAT. 2882, BAUER WB 172, DALMAN ASP IV/46. Ethiopien : CDG 218.

HNBʾ, ETH. te. *hanbəʾa*, amh. *əbubu alä* "porter sur le dos". **¶.** V. LESLAU NORTH 34.

≈ ≈ ARAM. Emp. *hnbg* "compagnon, partenaire", syr. *habbāgā*, mand. *hambaga* "adversaire", *hūbbāgā* "haine". **¶.** < pers., NÖLDEKE ZDMG 27 (1873) 500 n. 4; EPSTEIN ZAW 33 (1913) 225, EILERS ZDMG 90 (1936) 164, n. 3 et AFO 17 (1954-56) 333; v. aussi *hngyt*.

HNBḎ, AR. *hanbaḏat-* "affaire grave, difficile". **¶.** v. HNBṮ.

HNBY, ETH. te. *hənbəya belä* "se précipiter", *mäthanbəy* "indomptable".

HNBL, 1. AR. *hanbala* "marcher en clochant semblablement à l'hyène". **-2.** dat. *hanbālah* "joug". **-3.** ETH. te. *hanbäl belä* "aller, conduire". **-4.** *tähanabälä* "devenir indolent". **¶. 2.** KD 115 : < *habbal*; GL. DAT. 2882. **-3. -4.** WTS 18. Comp. HNB1 ?

HNBS, AR. *hanbasa* "s'informer, s'enquérir".

HNBƐ, 1. AR. *hunbuɛ-* : voile, cousu devant, porté par les femmes. **-2.** *hanbaɛat-* : démarche semblable à celle de la hyène, mais moins rapide que la *hanbalat-*. **¶. 2.** v. s. HNBL.

HNBG, AR. *hanbaḡa* "être affamé". - "s'élever en tourbillon (poussière)". *hunbuḡ-* "femme faible, sotte". **¶.** v. s. HNB.

HNBṢ, 1. AR. *hanbaṣa* "rire en cachette", *hinbiṣ-* "débile", *hunbuṣ-* "ventru". **-2.** ETH. te. *hanabäṣä* "agiter violemment, troubler". ¶. **2.** LESLAU NORTH rapproche de *ḥabaṣ bälä* "remuer l'eau dans la jarre pour la purifier", v. s. ḤBṢ.

HNBR, 1. AR. *hinbar-* "hyène"; *hinbir-* "âne léger, actif", *hinnabr-* "hyène, taureau, cheval; mauvais morceau de cuir". **-2.** ETH. te. *hǝmbur*, pl. *hanabbǝr* : sorte de jeu de balle. ¶. **1.** LANE 3045, KAZ. 1451. **-2.** WTS 8.

HNBT, AR. *hanbata* "être très languissant, indolent". ¶. TA dérive le verbe de HBT (v. s.) par insertion d'un *n*, V. aussi LANE 2903; v. aussi HNTB.

HNBŦ, AR. *hanbaṯa* "être négligent". - *hanbaṯat-* "confusion; désordre (du discours)"; - "affaire grave, ardue". ¶. v. aussi HNBĐ. - Pour TA, il s'agit d'un développement par infixation de *n*, de la rac. HBŦ, v. s.; v. aussi LANE 2875, 2903.

HNG, 1. AR. *tahannağa* "se remuer et donner signe de vie (foetus)". **-2.** boukh. *hang zarab*, *hang sawā* "braire". ¶. **-2.** Verbes composés par une onomatopée invariable suivie du v. "battre" (*zarab*) ou "faire" (*sawā*), litt. "il a battu *hang*, il a fait *hang*", aussi s. HW : *haw haw ḳōl* "aboyer", V. VINNIKOV 234 qui explique de telles formations par l'influence du tadjik ou de l'ouzbek, ce qui est vraisemblable; mais il faut noter que la construction est largement répandue dans bien d'autres zones, notamment, en chamito-sémitique, dans l'aire éthiopienne, comme on peut le voir, dans le présent dictionnaire, par des centaines de formes verbales construites à partir d'une base invariable et de verbes courts, signifiant "faire" ou "dire", comme *sawā* ou *ḳōl* à Boukhara (mais "frapper" n'y semble pas répandu) : tigré *belä*, *wäda*, tigrigna *bälä*, amharique *alä*, *adarrägä*; en couchitique le verbe *y* "dire" est fréquent, en saho on relève *ḍaḥ*, etc.; la construction est attestée de manière fréquente, même en dehors du chamito-sémitique : nuba - *án*, *é*, etc., V. ARMBRUSTER, GRAMMAR 29, D. COHEN, PHRASE 123, LMAM 260-261. Pour le radical, voir HNQ.

HNGL, 1. AR. iraq. *hanğal* "sauter, sautiller sur un pied". **-2.** ETH. te. *hangälä* "emporter, piller, mettre en émoi", *hanagälä* "soulever, arracher, effrayer" ¶. **1.** DIA 483. **-2.** WTS 20.

HNGM, AR. haḍr. *hanǧam* (*ɛala*) "criailler contre qn, menacer". ¶. GL. DAT. 2882.

HNGP, ETH. tna. *hangäf bälä* "émettre une bouffée de mauvaise odeur; venir sans être désiré, être parasite". ¶. D'ap. M.H.R-T.; aussi CS 43.

HNGR, **1**. ETH. te. *hangärä*, tna. *hangʷärä* "avaler, manger et boire gloutonnement"; *hangʷärgʷär bälä* "se précipiter sur la nourriture en affamé". **-?2**. te. *hangära* : entrée de fourmilière. **-3**. *hangora* : lance de bois (jouet d'enfant). ¶. **1**. Le tna. d'ap. M.H.R-T.; V. aussi LESLAU NORTH 34. **-1**. **-2**. Comp. ḤNGR.

HND, **1**. AR. *hannada* "séduire par des agaceries, des cajoleries (femme)", magh. tak. *hännəd* "s'attacher à qn avec l'intention d'en tirer qc.". **-2**. "avoir les branches courbées sous le poids des fruits (arbre)". **-3**. AR. *hannada* "être lent à faire qc., renoncer à faire qc", SAR. mh. *hōnəd*, jib. *ohund* "être assoupi", soq. (*i*)*henod* "dormir", ETH. te. *hənd gäʾa*, *tähannädä* "être paresseux, indolent, assoupi". **-4**. AR. *hind-* "troupeau de chameaux". **-5**. *hannada* "confectionner un sabre en fer indien, aiguiser, massacrer", hisp. magh. *hind* "acier", *hunduwān* "épée". **-6**. yém. *mihnād* "colonne, pilier". ¶. **1**. Sur le magh. TAKROÛNA 4189. **-3**. Sar. : LESLAU LS 145, JOHNSTONE HL 52, JL 98; éth. : WTS 19. La forme soq. (*i*)*henod* (= *hʸenod*) devrait correspondre à *ŠND, et à une forme jib. en *š*; il y a quelques cas de ce type, où le soq. semble avoir développé *hʸ* < *h*. **-5**. (et peut-être **4**.) dépend du nom de l'Inde, V. LANE 2903, avec références à des lexicographes arabes. Pour les formes hisp. et magh., V. ALC. 109/14, DOZY II/773. **-6**. GL. DAT. 2882. ¶¶. Berb. to. *mehendw* "n'avoir pas l'esprit bien d'aplomb (par suite d'infirmité, de faiblesse, ou simplement pour avoir dormi un peu au soleil"). V. FOUC. 1297.

HNDB, ARAM. jp. *hindəbā*, syr. *hendəbā*, mand. *hindiba*, AR. *hindibat-* "endive". ¶. Aram. > ar., V. LÖW AP 255. ; la forme latine *intubus* > grec byzantin *ἐντύβια* dépend peut-être de la forme syriaque. En ar., ALC. fournit une forme *hundĕbe*; v. aussi HNDM.

HNDG, ETH. te. *handägä* "résonner lourdement; frapper le sol d'un bâton", *həndagät* "coup; brièveté du souffle".

HNDD, ETH. te. *handädä* "lutter, jouer".

≈ ≈ ARAM. talm. *handēz* "jauger, étalonner", *handāzā* "rapport, proportions", AR. *hindāz-*, *handasat-* "géométrie, architecture, mesure", *muhandis-* "géomètre, architecte, ingénieur". ¶. < persan.

HNDZ, 1. AR. ég. *handiz* "rendre beau, élégant; agir avec des égards". -2. *hindāza*, *hindāsa* : unité de longueur (66 cm). -3. magh. *handāz* "qui a le trot dur et court". ¶. 2. Voir sous l'entrée précédente.

HNDL, 1. AR. *handawīl-* "gros, épais; flasque, mou; sot, stupide". -2. yém. *handūl* "palanquin; berceau". ¶. 2. < skr. *hindōlā* "balançoire", V. LANDBERG, GL. DAT. 2882.

HNDLQ, AR. *handaliq-* "bavard, loquace".

HNDM, 1. AR. ég. *handim* "habiller avec élégance", *hindām* "beaux atours", ég. *handim*, iraq. *handam* "arranger, mettre en ordre", hisp. *handamah* "arrangement, netteté". -2. malt. *hendem* "trop cuire, réduire en morceaux par trop de cuisson". -3. "démolir, détruire, mettre en ruines". ¶. -1. V. SPIRO 629, DIA 483, BARTHÉLEMY 874, DENIZEAU 544, VOCABULISTA. -2. Aussi *hendeb*; V. AQUILINA 457. -3. AQUILINA, IBID. qui cite en outre ar. *handama* d'après HAVA, ARABIC-ENGLISH DICTIONARY; v. aussi s. HDM.

HNDS, 1. AR. *hindis-* "hardi, intrépide (lion)", ETH. te. *handäsä* "rugir (lion), retentir (tambour)". -2. AR. iraq. *hindis* "complètement noir, sombre". ¶. -2. DIA 483.

HNDP, 1. AR. magh. *handāf* "fossé de très grande dimension". -2. ETH. tna. *həndäf*, *handäfdäf bälä* "se présenter en parasite, s'inviter; être hébété, avoir l'air idiot", *handaf* "parasite, sans-gêne, idiot". ¶. 2. V. CS 42.

HNDQQ, ARAM. targ. *hind^{e}qūqā*, syr. *hand^{e}qūqā*, AR. *handaqūq-* "mélilot". ¶. V. LÖW AP 94.

HNDR, 1. AR. iraq. *hindir*, SAR. mh. *handra* "manivelle". -2. ETH. te. *tähandärä* "augmenter (pluie)", *həndur* "beaucoup". ¶. 1. DIA 483. Empr. de l'anglais *handle* ?

HNDRB, Comp. HMRB et v. s. HBRRB.

HNHN, AR. tchad. *hanhan* "hennir", orient. "chanter des compliments dans les noces", ég. *hanhin* "bercer (un enfant) en chantant une berceuse", *hanhūna* "acclamation chantée (fête, noce)", soud. *hanēhīn* "voix affectée d'une femme qui minaude". ¶. LPAT 515 (d'après Lethem), QLS 1198; BARTHÉLEMY 874. Comp. HN'/W/Y, HNN. ¶¶. Ce radical expressif est aussi représenté en berb. : Ghad. *ƀənƀən* (< *hənhən*, sur *h* > *ƀ*, V. PRASSE H 5 et ici s. /h/) "ronfler (pierre lancée, toupie)", produire en courant un bruit d'étoffe froissée", LANFRY 12; to. *hənənət* "hennir".

HNW, ETH. te. *hanäw belä* "aller çà et là (comme des bergers)". ¶. v. HN'/W/Y.

HNWZ, g. *hanwaza* "produire de la lumière, briller". ¶. LESLAU CDG 218 qui relève dans la même source *hag^{w}aza* avec le même sens, pense que l'une des deux formes est fautive, sans pouvoir préciser laquelle.

HNZ, **1**. ETH. te. *mähanzay* : baguette en bois pour battre. **-2**. te. tna. *hanza* : sorte de pain constitué par deux *əngära* appliqués l'un sur l'autre au cours de la cuisson. ¶. D'après M.H.R-T.

HNZZ, ETH. te. *hanzäzä* "secouer, balancer", *tähanzäzä* "aller et venir". ¶. Comp. HZZ.

HNZL, ETH. tna. *hanzälä* "être sot, niais; être distrait, préoccupé".

HNZR, ETH. te. *hanzärä* "n'être pas mûr".

HNṬY, **1**. ETH. te. *hənče* : coupe à boire tressée. **-2**. tna. *hənṭuy* "pressé, repu, gorgé; fanfaron". ¶. **1**. WTS 20. **-2**. D'ap. M.H.R-T.; aussi CS 43.

HNṬṬ, AR. magh. *hanṭūṭ* "écervelé, étourdi".

HNṬS, ETH. te. tna. *hanṭäsä*, amh. *'anṭäsä* "éternuer". ¶. v. ƐṬS, ḤṬS/Š.

HNY, **1**. AR. *hanā(y)* "faire qc". **-2**. ETH. tna. *hana*, *hona* "ruines, destruction". ¶. Pour sar. soq. *hene*, *h^{y}ene* "semer", LESLAU LS 145, v. s. ŠNY. - v. aussi HN'/W/Y.

HNK, **1**. AR. syr. *hank* "forme, aspect", *hanūk* "installation, organisation (d'une belle maison, par exemple), faste". **-2**. ETH. g. *hənk*, *hənkā*, tna. *hənka*, te. tna. *ʾənka*, amh. *ənka* "prends !, tiens !". -3. te. *hanäknäk belä* "chanceler, vaciller". ¶. En ar. ég., une expression *hank^y w-rank* signifie d'une part "brouhaha" et d'autre part désigne toute une gamme de comportements qui va du badinage jusqu'à l'acte sexuel. -1. DENIZEAU 544. -2. v. aussi HMK, ḤNK. V. GRÉBAUT 6 qui signale ausssi pour le g. *ʾənkā* d'après Juste d'Urbin; l'amh. est analysé, par PRAET. AMS 97, comme un "impératif de *naka* "toucher, prendre" avec ʾ prosthétique" (aussi GUIDI 466, 389) et traité comme tel dans l'usage qui connaît une forme de fém. *ənki* ou *ənči*, de plur. *ənkač(č)h*, *ənku*; COHEN TRAITÉ 114, NEEM 128 l'analyse comme un présentatif avec la valeur de : "voici pour toi !". La formation peut donc être basée sur un élément démonstratif **h/ʾən*, v. s. '/HNN, HN et comparer *hāti* et soud. *hāk* "tiens !, prends !", s. H. Pour des hypothèses sur cette forme, V. BARTH ES 17, RUNDGREN BILD. 277, 294.

HNKL, ETH. te. *hankäl belä*, *tänkäl belä* "se hâter (?)" ¶. WTS 19, 739

HNKP, ETH. tna. *hankäfä* "frapper avec un tranchant, couper, entailler".

HNKR, AR. ég. *hankaṛ* "traîner à ne rien faire, baguenauder", soud. *hankarah* "plaisanterie, moquerie", magh. tun. *mhankar* "être dans l'aisance, manifester de la superbe", maraz. *thankaṛ* "avancer à petits pas, en se pavanant". ¶. SPIRO 629, HINDS-BADAWI, QLS 1198, BORIS 651 et O.B.

HNKT, **1**. ETH. te. *hankätä* "puiser un peu d'eau avec la main". **-2**. tna. "griller le grain en épis frais". **-3**. *hank^wätä* "frapper qn".

HNM, AR. *hanam-* "dattes", *hannamat-* "coquillages, verroteries; nabot". ¶. v. aussi HYNM.

HNN, **1**. AR. *hanna* "gémir, crier, pleurer". **-?2**. ég. *hannin* "endormir un enfant en chantant et en le berçant", *hannūna* "acclamation chantée (au cours d'une noce)". **-3**. AR. *ʾahanna* "créer, rendre fort (Dieu)". **-4**. *hānnat-*, *hunānat-* : intérieur de l'oeil, sous la prunelle. **-5**. *hannā*, *hannāka* "là, par là". **-6**. SAR. mh. ḥars. *hən*, šḥ. *hin* "aiguiser". **-7**. ETH. te. *hannä* "tarder, hésiter", *hanan* "patience", *mähanän* "jugement, volonté", tna. *hanänä* "s'appliquer à, être absorbé; foncer vers, être menaçant (orage, pluie)". **-8**. te. *hanän belä* "sentir bon". **-9**. *hananit* "moucheron". ¶. v. aussi s. H, HN, HLL. **-1**. v. aussi s. 'N. Mot expressif ? Comp. le latin *nēnia* "chant funèbre, thrène, mélopée"; V. ERNOUT-MEILLET 775. **-2.** Probablement lié à 1, comme le sont les notions de "gémir", "murmurer", et aussi "chantonner", v. en particulier s. **'N.** Comp. aussi HN'/W/Y et v. des formes parallèles dans HNHN. **-5.** Comp. HN. **-7.** Peut-être lié avec g. *taḫanana* "être capable", v. s. ḤNN; CDG 237. **¶¶.** v. aussi H, HN. **1.** Berb. to. *hənənət* "hennir", v. s. HNHN.

HNS, 1. AR. tchad. *hinis* "persuader". **-2.** ETH. g. *hənsot* "plaine". **-3.** g. amh. *hənsät*, amh. *ənsät*, gour. *äsät* : plante qui ressemble à la banane. **-4.** te. *hanaša* "tromper, séduire; railler". **-5.** *hənšaš*, *həmšaš* "natte". **-6.** tna. *hanäsnäs bälä* "s'amollir, s'assouplir; être consumé totalement". **¶. 1.** LPAT (d'après Lethem). **-2.** CDG 218, d'après TAYYE. **-3.** STRELCYN MEDECINE II n° 90. **-4. -5.** WTS 17. **-6.** CS 35. **¶¶.** v. aussi NWS.

HNSS, v. HNS.

HNε, AR. *hanaεa* "plier, ployer; se soumettre à", *haniεa* "avoir le cou déprimé à la base, la tête rejetée en arrière et les épaules en saillie (chameau, autruche, cerf)". **¶.** Aussi *ʾal-hanεat-* : nom d'étoiles des Gémeaux ou d'Orion, V. LANE 2035. - Comp. ḤNW.

HNG, AR. *hanaǥa* "courtiser (une femme)", *haynaǥ-* "femme dévergondée".

HNP, 1. AR. *hannafa* "se dépêcher, aller vite", ETH. te. *tähannäfä* "s'en aller avec tous ses biens". **-2.** AR. *hānafa* "rire, se moquer", ETH. te. *hanäf belä*, *tähanafa* "jaser, jacasser". **-3.** *hanfa* "pousser à bas", *tähanfa* "tomber". **-4.** tna. *hanäfä* "avoir grand appétit, être glouton; être avare". **¶. 3.** Comp. HNPP.

HNP', ETH. te. *hanfəʾa* "haleter; reprendre haleine, se reposer", *hənfä'at* "repos". **¶.** v. HNPṢ et les renvois s. HP, NP dont cette racine peut représenter un croisement. **¶¶.** Berb. to. *hənəffət* "être essoufflé; pousser des petits gémissements plaintifs", V. pour la distribution des formes et des valeurs, PRASSE H 60 n° 307.

HNPS, ETH. te. *hanfäs* "décédé". **¶.** Lié aux rac. s. NP ?

HNPP, 1. ETH. te. *hənfuf* "vantard", *tähanfäfä* "se vanter (d'une noble lignée)". **-2.** *hənfofəyät* "forte tempête". **-3.** tna. *hanfäfä* "être avare, avide", *hənfuf* "avare, avide". **¶. 1.** WTS relie avec 2. **-2.** Eth. tna. *ḥanfefä* (*ḥ*!), V. LESLAU NORTH 34. **-3.** v. aussi HNP.

HNPṢ, ETH. tna. *hanfäṣä* "respirer avec effort, s'essouffler". **¶.** v. HNP' et les renvois s. HP, NP. Peut-être empr. à l'arabe < *nfs* ? v. s. NPŠ.

HNḎM, v. HḎM.

HNQ, AR. soud. *hannag* "braire". **¶.** LPAT (d'ap. Hillelson). C'est s. NHQ (s.v.) que QLS la signale comme forme métathétique dans certaines régions. Comp. aussi H'Q.

HNQB, 1. AR. *hanqab-* "court". **-2.** ETH. te. *tähanqäbä* "se lever quand on le selle" (chameau). **¶. 1.** QĀMŪS. **-2.** Aussi *hənqələb belä*, WTS 18. v. s. QLB.

HNQW, ETH. tna. *hanqaw bälä* "être dans l'attente de la réalisation de qc, avoir envie de".

HNQL, AR. magh. *hanqal* "trottiner (chameau), avoir le trot dur et court".

HNQT, AR. tchad. *hangat* "constipation". **¶.** LPAT 515 (d'ap. Lethem).

HNR, 1. AR. *hanrat-* "creux, conque de l'oreille". **-2.** soud. *hannar* "marquer les chameaux". **¶. 1.** QĀMŪS signale que c'est une anomalie d'avoir *n* et *r* en contact. **-2.** QLS 1197 : usage restreint à "quelques tribus".

HNRRB, comp. HMRB et v. s. HBRRB.

HNŠ, AR. tchad. *haniš* "roter". **¶.** LPAT 515 (d'ap. Lethem).

HNŠL, AR. soud. *hanšal* : essaim de grosses fourmis rouges. **¶.** QLS 1197.

HNŚR, AR. magh. tak. *hanšer* "ruiner un édifice, faire dépérir une végétation, faire déchoir", maraz. *thänšər* "tomber en ruines; tomber à la renverse (homme blessé ou tué)", *hanšīr* "ruines, grosses pierres tombées d'une maison", magh. *hanšīr* "propriété, domaine rural". **¶.** Le terme désignant la propriété rurale est issu de celui qui désigne les ruines, beaucoup de ces propriétés occupant des lieux contenant des ruines antiques. V. MARÇAIS, TAKROŪNA 4191, BORIS 651.

HNT, 1. ETH. tna. *hanätä* "être fini, périr; être desséché, brûlé par le soleil", *hanät bälä* "être blessé, brisé". **-2.** amh. *hanat*, *ʾanat* : sorte de tumeur à l'intérieur des narines. ¶. GUIDI 465. **-2.** v. s. ḪN. ¶¶. En berb. tamaz. *həntət* "battre"; mais v. s. /h/, sur *h* en berb.

HNTB, AR. *hantaba* "être négligent, insouciant". ¶. LANE 2903. v. HNBT.

HNTK, 1. ARAM. targ. *hantūkīn* (plur.) "charpente (?); plafond à caissons (?)". **-2.** AR. soud. *hantīkah* "jeu". ¶. **1.** Targ. I Rois VI/9 (correspondant à h. *gēbīm*). Origine inconnue. **-2.** QLS 1197.

HNTL, ETH. te. *həntəllät* : ornement de vêtement.

HNTR, AR. lib. *hantīr* "grand et élancé"; orient. *hantar* "menaces (du poing, d'une arme)". ¶. FEGHALI LIB. 14,18; BARTHÉLEMY 873.

HNTŚ, AR. magh. maraz. *häntäš* "arracher par morceaux, brutalement; piller, vagabonder". ¶. BORIS 651.

-HS-, séquence consonantique présente dans des racines ayant parmi leurs valeurs celle de "produire un bruit léger", "faire silence" : HS, (HSG), HSHS, HSS; "casser" : HSHS, HSM, HSS, v. aussi HṢ, HḌ.

HS, 1. CAN. h. *has*, AR. *hus*, dial. *huss*, ETH. te. *həs* "chut ! silence !" **-2.** SAR. mh. *hīs*, *hēs*, ḥars. *hīs*, *həs*, *əs*, jib. *hes* "quand, lorsque"; mh. "depuis que"; jib. "jusqu'à (lieu); mh. ḥars. "comme", mh. *lə-hīs*, jib. *l-hés* "comme"; mh. ḥars. *hes-táw*, jib. *hes-tóʾ* "bien, d'accord". ¶. **1.** La forme interjective de l'h. est traitée comme un impératif avec un pl. *hassū* (*ss*!) et sert de base à un v. dénominatif dans l'hapax *wayyahas* "et il les apaisa", Nb. 13/30. V. SCHULTHESS ZURUFE 20.64, ZS 2/15. - v. HSHS, HSS. **-2.** JOHNSTONE ML 160 (v. aussi JL 99, ḤL 52) analyse la particule simple en *h-* + pr. suff. 3ème pers. fém. sing. Lorsqu'elle signifie "comme", le second terme de la comparaison est introduit par *t-* lorsqu'il est pronominal, comme un comp. d'objet de verbe : mh. *hēs tūk* "comme toi"; la particule composée avec *l-* se construit, elle, avec un pron. indépendant : jib. *lə-hés šäh* "comme lui".

HSG, AR. *hawāsīǧ-* (pl.) "pensées, idées qui viennent à l'esprit". ¶. Comp. HGS.

HSHS, 1. AR. *hashasa* "murmurer, produire un léger bruit; couler en serpentant (ruisseau)". **-2.** *hashās-* "accéléré (voyage); qui passe toute la nuit à un ouvrage". **-3.** magh. *hashas* "être indisposé, souffrant". **-4.** pal. *hishis* (coll.) "moustiques". **-5.** ETH. te. *tähašhašä* "casser en morceaux, réduire en miettes". **¶. 1.** v. HS, HSS. **-4.** V. DALMAN ASP I2 397. **-5.** V. pour des rapprochements à l'intérieur de l'éth., WTS 14 et comp. s. HSHS, HSM, HSS, ḤSḤS, ḤSY.

HSW, 1. ETH. te. *hasot* "mauvaise moisson; lutin, mauvais esprit; malchance". **-2.** mesure pour les grains (?) **¶. -2.** WTS 13.

HSY, ETH. te. *hasa* "paître la nuit; surprendre, agir par ruse", *hasayät* "violence", *hasayt* "ruse", tna. *hasäyä* "chatouiller, cajoler, taquiner; faire mal". **¶.** Le tigrigna d'après CS 18; WTS 14 traduit par "frapper". Peut-être < arabe *ḥass* "perfidie, trahison, etc." ? V. CERULLI OLZ 55 (1960) 616.

HSK, 1. AR. soud. *hasakah* : muselière en fer pour les chameaux. **-2.** *mahassak* "connu". **¶. 1. -2.** QLS 1186.

HSKL, ETH. te. *haskälol* "embuscade".

HSM, AR. *hasama* "casser, fracasser". **¶.** v. HSS.

HSS, 1. AR. *hassa* "casser, briser en petits morceaux". **-2.** "marmotter entre ses dents", ḍof. *hess*, "réfléchir", lib. ég. *hass* "se taire, se tenir tranquille", ég. *hiss* : interjection pour arrêter, ralentir, calmer un animal, *huss* "chut !"; magh. maraz. *hass* "venir à l'esprit", *hāsəs* : voix que l'on entend (sans voir qui parle); ég. *hass* "siffler"; ETH. tna. *ʾəš bälä* "faire silence", te. *həs*, amh. *əšš* "silence !", **-?3.** AR. soud. *hasūs* "lent à se mouvoir; sans utilité, vain", *hasīs* "faible", magh. *hass* "être indisposé, souffrant; être atteint d'une maladie chronique, longue", ETH. te. *hassä* "être faible, décliner; être abandonné", tna. *hasäsä* "perdre ses couleurs (au soleil); être très sec et se briser (céréales)". **-4.** te. *hasosa* "se lever dans son sommeil". **-5.** *hasäs belä* "aller çà et là; toucher, tâter", tna. *hasäs bälä* "tâtonner, chercher en tâtonnant dans le noir". **¶. -2.** SAE X/62, FRAY. 189, BORIS 645, BEAUSSIER 1026, LESLAU NORTH 34. - L'arabe d'Egypte *hass* < anglais *hiss* ? voir aussi sous HS. **-3.** QLS 1186, BEAUSSIER 1026. **-3. -4. -5.** WTS 13.

HSƐ, AR. *hasaεa* "se dépêcher, se hâter". ¶. Dans QĀMŪS (absent de LA). En rapport avec *ha-ssāεa* "tout de suite" ?

HSP, AR. *hasafa* "couper le blé (encore petit)", SAR. mh. *həsūf* "humilier", *hōsəf* "tout vouloir pour soi", *hássef* "trop dépenser et devoir se modérer", *šəhsūf* "se repentir d'avoir été trop généreux", jib. *hsof* "humilier", *šəhséf* "se sentir humilié, regretter profondément". ¶. LANDBERG, GL. DAT. 2871; JOHNSTONE ML 160, JOHNSTONE JL 99.

HSQP, ETH. g. *hesqapa* "labourer, cultiver la terre". ¶. LESLAU, CDG 219, d'ap. TAYYE.

HƐƐ, AR. *haεεa* "vomir". ¶. v. aussi HWƐ, HYƐ.

HƐR, v. HYƐR.

-HP-, Séquence consonantique fondant diverses racines dont une des valeurs est **1.** "soif, chaleur" : v. HW/YP, HPHP, HPW. **-2.** "souffle, vapeur, humidité" : HWP, HYP, HPHP, HPL?, HPP. **-3.** "légèreté, rapidité" : HPHP, HPW, HPY. ¶¶. Aussi en berbère. v. s. HNP', HPY

HP, **1.** ETH. te. *hof* "profondeur", *haf belä* "descendre, glisser", tna. *haf bälä* "tomber, faire qc inopinément et brusquement". **-2.** te. *haf* "rate gonflée (maladie)". ¶. **1.** 29 avec références, M.H.R-T. **-2.** WTS 29, d'après liste lexicale de Sundström.

HPB, ETH. te. *hafēb* "côté, flanc".

HPG, AR. yém. *hafağ* "retourner, renverser". ¶. ḤAB. GLOS. 96, PIAMENTA 509; v. HPK.

HPD, ETH. te. *hafdä* "poursuivre, chasser".

HPHP, **1.** AR. *hafhafa* "être grand et mince", *hafhāf* "léger et transparent (vêtement); mince, élancé", ég. *hafhif*, *hafhaf* "se gonfler, se soulever, bouffer à cause du vent". **-2.** magh. *hafhaf* "être touché, ému", ETH. amh. *hafhaf alä* "trembler, être secoué". **-3.** te. *hafhaf belä* "courir pour recevoir de quoi manger", tna. *hafhaf bälä* "courir, tomber d'un lieu élevé". **-4.** *hafahəf* : trempe, légère humidité de la terre, évaporation de cette humidité". ¶. -3. Comparer aussi tigrigna *hafäfä* "marcher rapidement et à grands pas", v. s. HPP. **-4.** v. s. -HP-.

HPW, 1. AR. *hafā* (*u*) "glisser, commettre une erreur; se hâter, se précipiter; pousser qn à faire qc; voler, flotter dans les airs; palpiter; battre fiévreusement, être excité; désirer", *hafwat-* "faute, erreur, péché", *hafāt-* "pluie douce, intermittente". **-2.** ETH. g. *hafawa* "être brûlant, en sueur", *haf* "chaleur, moiteur", te. "chaleur". **¶. -1.** v. -HP-. **2.** En éthiopien guèze, aussi *ḥafawa* et *ḥaf* (*ḥ*!); V. LESLAU, CDG 215 pour un rapprochement avec arabe, *hawf*, *hayf* "vent chaud". Voir HW/YP, HPP et sous -HP-. **¶¶. 1.** En berbère tamazight, on relève *haf* "être épuisé, éreinté, exténué", TAÏFI 219; mais voir sous /h/, les remarques sur le statut du phonème *h* en berbère.

HPY, 1. AR. *hafā* (*i*) "être affamé, mourir de faim", *hāfi*^{n} "affamé", iraq. *mahfi* "affamé, glouton, avide". **-?2.** ḥaḍr. *hafā, hafī* "périr, diminuer, maigrir", ég. *hafiyya* (mas. et fém.) "minable, insignifiant (personne)", maraz. *h*^{a}*fē* "amaigrir qn (maladie)"; ? orient. *hafa* "battre violemment, accabler de coups". **-3.** iraq. *haffa* "éventer", magh. maraz. *h*^{a}*fē* "être agité par le vent (cheveux, branche, étoffe, etc.); passer rapidement devant qn", tak. *h*^{a}*fé* "courir rapidement et légèrement; faire une apparition soudaine et fugitive", pal. *ahfa* "dissiper (son bien)". **¶. 1.** V. DOZY II/759, DIA 481. v. aussi HPQ, HPT. **-2.** LANDBERG, GL. DAT. 2874 indique que la valeur qu'il signale pour le Ḥaḍramout est vivante partout en Arabie. - v. s. HP. **-3.** V. DIA 481, BORIS 647, BARTHÉLEMY 870, BAUER WB 33, MARÇAIS, TAKROŪNA 4174. v. HPHP.

HPK, 1. ARAM. nab. *hpwk* "retour (?)". **-2.** AR. *muhaffak-* "qui parle mal et avec de nombreux lapsus; qui marche d'un pas chancelant". **-3.** ETH. te. *hafäk wäda* "s'affaisser, se ratatiner". **¶. 1.** Forme de la rac. ʾ/HPK (v. s.), V. LITTMANN BSOAS 15 (1953) 16. **¶¶.** v. aussi s. **ʾ**/HPK, HPL, HPŚ.

HPL, 1. ETH. g. *happala* "laver des vêtements", *mahappil* "foulon". **-2.** te. *haflä* "laisser sortir l'air (d'une outre gonflée), devenir moins enflé, désenfler". **¶. 1.** LESLAU, CDG 219, WTS 29; DILLMAN LEX. 22 rapproche des formes guèzes, l'arabe *wabala* "frapper avec un bâton", *wabīl-* "bâton avec lequel on bat les vêtements en les lavant"; voir aussi sous HPK, HPŚ.

HPP, 1. AR. *haffa* "souffler, siffler (vent); être doux, tranquille; marcher vite; effleurer, toucher légèrement", *hiff-* "vide, léger", *haffān-* "trace, piste", *mihaffat-* "éventail", palm. *haff* "éventer, agiter (une étoffe)", orient. "briller", ég. *haff* "passer vite, subtiliser, prendre vite, faire vite", *huff* : onomatopée de souffle brusque, onomatopée exprimant la rapidité, *mahfūf* "abruti, à l'esprit dérangé", soud. *haff* "venir à l'esprit, traverser l'esprit", pal. *haff* "bavardage", magh. *həffa* "bruit léger", maraz. *haff* "être impatient de partir, ne pas tenir en place", *hāfūf*, dat. *haffāf* "bord d'un à-pic ou d'une hauteur en surplomb, précipice", boukh. *haffā* "jeter, lancer en l'air", orient. *haff* "enlever, ravir (oiseau de proie)", iraq. "frapper, jeter dehors, attraper, empoigner, prendre (sexuellement)", ʿom. *mhaffah*, SAR. ḥars. *mehaffeh* "éventail", *hef* "trébucher", jib. *heff* "sauter, bondir", ETH. te. *hafä*, *hafəf wäda* "bruire (vent); être faible, insipide", tna. *haffa* "haleine, vapeur, fièvre", tna. *hafäf bälä* "être encore humide, pas complètement sec", *hafof bälä* "émettre un bruit de respiration, faire entendre un sifflement", *hafof* "fait d'exciter l'envie, la jalousie", *hafäfä* "courir, se précipiter, s'essouffler", amh. *haff alä* "se soulever"; **-2.** AR. soud. *haff* "froment". **¶. 1.** A la notion de "souffle" s'attachent deux valeurs : celle de légèreté et celle de mouvement soudain, rapide et souvent violent. V. sur ce point, la remarque de WOODHEAD dans DIA 481; pour les diverses formes arabes, DOZY II/ 759, LANDBERG, GL. DAT. 2874, ʿABBŪD, MSOS 36 (1933) 3453, CANTINEAU, PALM. AR. I/159, II/100, DENIZEAU 541, BARTHÉLEMY 870, VINNIKOV 231, QLS 1188, BORIS 646; sar. : JOHNSTONE ḤL 50, JL 96; éthiopien : WTS 29, Pour le tigrigna. *haffa*, le sens "fièvre" est celui qui apparaît chez CS 71; d'après M.H.R-T., le sens "vapeur" est fondamental, v. *hafäf bälä* "être humide, légèrement mouillé par les vapeurs matinales" par exemple, comparer HPHP. - Pour l'amharique, V. GANKIN 36. v. s. HP, WHP. **-2.** QLS 1188.

HPQ, AR. *hfq* "frivolité, futilité"; lib. *haffāq* "menteur"; ég. *hafaq* "insignifiant, minable", *hafāqī* "en mauvaise santé, faible", lib. *haffaq* "maigrir, s'affaiblir". **¶.** BOCTHOR 360; SPIRO 626, FRAY. 189; v. aussi s. HPY, HPK, HPL.

HPR, 1. ARAM. syr. *həpar* "bavarder, dire des choses vaines". **-2.** AR. soud. *hafar* "traverser, passer à travers, pénétrer". **¶. 1.** BROCKELMANN, LEX. 182, compare l'arabe *hafā* "glisser, se tromper"; v. aussi HPP, HPT. **-2.** QLS 1189.

HPŚ, AR. **1.** *hafaša* "se dégonfler, désenfler", *haffaša* "friper, chiffonner", ETH. te. *hafsä* "laisser sortir l'air, désenfler; mourir". **-2.** *hafaš* "qui arpente". **¶. 1.** V. GL. DAT. 2874 et DOZY II/759. v. aussi s. HPK, HPL. **-2.** D'ABBADIE dans WTS 29.

HPT, **1.** AR. *hafata* "tomber, s'écrouler, tomber continuellement ou successivement ou partie après partie (neige, pluie, p. e.); être méprisable, vil; être déprimé; dire des absurdités", *haft-* "grande stupidité"; lib. *haffat* "avoir très faim", ég. *hifit*, *haffit* "s'affaiblir et s'épuiser", *haftān* "faible, qui défaille du fait de la faim", magh. *hfət* "se calmer, s'apaiser", maraz. *hᵃfat* "diminuer, s'arrêter momentanément (vent, pluie)", tak. *hᵃföt* "se calmer". **-2.** AR. *tahāfata* "se précipiter, se ruer sur", orient. *hafat* "pénétrer, s'enfoncer", ég. *ithāfit* "se précipiter en groupe", ETH. te. *haftä* "prendre un chemin, se hâter, périr", *hafätfätä* "se hâter d'un côté et de l'autre", amh. (Choa) *hafta* "rapidité". **¶. 1.** LANE 2897, FRAY. 189, SPIRO 626, BORIS 647, TAKROÛNA 4172. **-2.** FAGNAN 181, DENIZEAU 542, WTS 29, GUIDI SUPPL. 7.

-HṢ-, Des racines fondées sur cette base ont parmi leurs valeurs, celle d'"étinceler" : HṢHṢ, HṢṢ; d'autres qui comportent cette séquence consonantique signifient souvent : "casser".

HṢB, **1.** AR. *haṣaba* "fuir". **-2.** ETH. amh. *həṣbo* : grain mondé et moulu grossièrement. **¶. -2.** GUIDI 12.

HṢHṢ, **1.** AR. *haṣhaṣa* "presser fortement avec la main", *huṣhuṣ-* "fort, robuste". **-2.** lib. *haṣhāṣ* "qui a des yeux étincelants", *haṣhīṣ* : animal fabuleux dont les yeux éclairent, la nuit. **¶. 1. -2.** v. HṢṢ. **-2.** FRAY. 189. - v. s. -HṢ-.

HṢW, **1.** AR. *haṣā* "vieillir, devenir très vieux", *hāṣā* "affaiblir".

HṢY, SAR. ḥars. *mehṣet*, mh. *mehṣāt* "puits peu profond, trou d'eau". **¶.** Ainsi dans JOHNSTONE ḤL 52. La forme jib. or. *mhéṣi* de JOHNSTONE ḤL 88 est corrigée dans JL 116, jib. *máḥsi* et ML 263, jib. *maḥsé*, jib. or. *mḥési*. La rac. HṢY posée ici est hypothétique. Le pl. mh. *mehēṣ* incite à rattacher le mot à MHṢ (v. s.). V. GL. DAT. 419 où *ṣ* est corrigé en *s*, dans les formes mh. *maḥsât* ou *maḥsé* "fosse", formes de SAE III/194, alors qu'il faut sans doute rectifier en *mahṣāt* et *maḥsé*; cette dernière forme est d'ailleurs attesté en SAE III/145, 1.6; v. ḤSY.

HṢK, AR. maraz. *hᵃṣak* "prendre à qn, contre son gré, en abusant de ses scrupules". - *hoṣᵃk* "gros, lourd, énorme". ¶. BORIS 646.

HṢM, AR. *haṣama* "casser, briser", *hiṣm-* "sol égal", *huṣam-, haṣamṣam-, hayṣam-, mihṣam-* "lion". ¶. v. HṢR, HḌM, HŚM et s. -HṢ-.

HṢN, ARAM. talm. *hōṣnē* (pl. cstr.) "tiges (de lin)". ¶. JASTROW 340 qui compare à *hūṣ*, v. s. HWṢ. ¶¶. Une forme biblique *hoṣęn* Ez. 23,24 reste inexpliquée. Discussion dans BDB 246.

HṢP, ETH. te. *haṣfä* "chanceler, tituber, déferler; tomber (forte pluie)", *tähaṣṣäfä, haṣäfṣäfä* "être confus", *haṣf* "vague, averse, tempête", tna. *haṣäfa* "tomber (pluie)". ¶. La forme tna. d'après LESLAU NORTH 34; absent de CS.

HṢṢ, AR. *haṣṣa* "serrer fortement avec la main; fouler aux pieds, écraser, broyer", *haṣṣaṣa* "avoir les yeux étincelants", *hāṣṣat-* "oeil de l'éléphant", ETH. tna. *haṣäṣä* "avoir hâte de", *həṣṣo* "hâte, agitation". - AR. pal. *huṣṣ* "chut !, silence !". ¶. v. -HṢ-; comp. 'ṢṢ, HṢHṢ. Tna. : CS 68, 70. Pour pal. *huṣṣ*, V. ʿABBŌD 2812 et comp. s. HSS.

HṢQ, SAR. mh. ḥars. *həṣqōt* "entrave, corde".

HṢR, AR. *haṣara* "tirer à soi, incliner vers soi; briser". ¶. HṢM, HḌM, HŚM et les références s. -HṢ-. V. LANE 2895, KAZIMIRSKI II/1424.

-HḌ-, base de racines ayant parmi leurs valeurs celle de "casser" : HḌHḌ, HḌM, HḌḌ; v. aussi -HS-, -HṢ-.

HḌB, **1.** AR. *haḍaba* "faire tomber de l'eau, pleuvoir (ciel), mouiller; se mettre à parler, prendre la parole", *haḍbat-* "averse, ondée". **-2.** *hiḍb-* "qui sue beaucoup et vite (cheval), fort, robuste". **-3.** *haḍbat-* "sorte de colline, montagne". ¶. **1.** Comp. HṢP ? **-2.** FISCHER FARBE 317 n.4, cite un vers de Kumayt (d'ap. LA) où *haḍab* semble nommer une démarche propre à un bon cheval.

HḌG, AR. *haḍḍağa* "négliger son troupeau, le nourrir mal".

HḌHḌ, AR. *haḍhaḍa* "casser, briser, écraser". ¶. v. HḌḌ ainsi que les renvois s. HḌ.

HḎY, 1. AR. *hāḏā* "traiter avec dédain". **-2.** dat. *haḏḏā* "dorloter", *haḏā* "gourmandise". **-3.** *ʾahḏaʾ-* "troupes, multitude d'hommes". **-4.** *hiḏat-* "boucle de cheveux". **¶. -2.** GL. DAT. 2873, qui donne pour origine ar. cl. *ḥaḏiya*.

HḎL, 1. AR. *haḏala* "répandre abondamment", *haḏl-* "abondant, copieux", iraq. *haḏal* "déborder". **-2.** ʿanazeh "retourner du pâturage au coucher du soleil, se reposer". **¶. 1. -2.** GL. DAT. 2873.

HḎM, 1. AR. *haḏama* "digérer; rogner ce qui est dû, léser; se ruer sur; casser, briser", *haḏim-* "mince, élancé"; *hāḏūm-*, *haḏḏām-* "lion". **-?2.** ég. *haḏūma* "grosse bouchée (de viande)", . **-3.** AR. *haḏm-*, *haḏmat-* "bas-fond, terrain encaissé". **-4.** *hiḏm-*, *haḏm-*, *haḏmat-*, ḥaḏr. *haḏīmah* "encens". **¶. 1.** v. HḎ-. Comme dans plusieurs autres rac., le "lion" est le briseur, le dévoreur. **-2.** Aussi *hanḏūma*. **-4.** LA 615, GL. DAT. 2873.

HḎP, SAR. mh. *haźźəf* "être assis en tailleur" **¶.** ML 163. La véritable rac. sar. semble être ḤḎF attestée avec le même sens dans les autres dialectes sar. mod., v. s. ḤḎP.

HḎḎ, AR. *haḏḏa* "briser, casser, broyer; aller vite (chameau); exciter, pousser à". **¶.** v. s. -HḎ-.

HḎR, v. ḪḎR.

HḎRB, AR. soud. *hiḏrib* "délirer". **¶.** *Sic* dans LPAT 512 (d'ap. Hillelson), v. s. HĐRB.

-HQ- : -1. Base de racines nommant des cris : HʾQ, HWQ, HQ, NHQ, aussi HQB; **-2.** Séquence consonantique présente dans quelques racines ayant parmi leurs valeurs, celle de "rapidité" : HQHQ, HQB, HQṬ.

HQ, ETH. tna. *haqʷ* : cri, bruit de suffocation, *haqʷ haqʷ bälä* "émettre un cri, un bruit de suffocation, comme un hoquet; clapoter", amh. *həq ʾasäñä, həq ʾadärrägä* "étrangler". **¶.** Formes onomatopéiques; pour le tna., M.H.R-T., amh., AFAWORQ GRAMM., GUIDI SUPPL. 3. v. s. -HQ- et aussi ḤQ.

HQB, 1. AR. *haqb-* "largeur, ampleur", *haqab-* "au large gosier; grand et gros". **-2.** *hiqab* : mot dont on se sert pour stimuler le cheval à la marche. -3. dat. *haqib-* "café broyé". -4. ETH. te. *haqəb* "couvée" (?). ¶. 2. GL. DAT. 2874. -3. v. -HQ- et s. HQṬ.

HQD, AR. tchad. *hagūd* "seringue". ¶. ROTH-LALY, LPAT 513 (d'ap. Lethem).

HQHQ, 1. AR. *haqhaqa* "marcher d'un pas accéléré; distribuer des petits dons entre plusieurs", magh. *haghag* "aller l'amble, trottiner". -2. maraz. *haghag* "ricaner, rire bruyamment avec des hoquets". -3. *haghāg* "(chameau) au dos maigre, mauvais porteur". ¶. 1. v. s. -HQ-.

HQZ, v. QHZ, NQZ.

HQṬ, 1. AR. *haqaṭ-* "rapidité de la marche". -2. ETH. tna. *həqʷəṭ bälä* "pleuvoir à verse". ¶. v. -HQ- et s. ŠQṬ.

HQY, AR. *haqā(y)* "radoter, délirer; accueillir par des injures; gâter, corrompre". ¶. v. aussi s. ŠQY.

HQL, 1. *haql-*, *haqlat-* "jeune autruche", *hayqal-* "autruche mâle". -2. *haqil-* "affamé". -3. AR. soud. *haqlah* "objet grand et gros". -4. magh. *hagl* : maladie mortelle des chevaux, caractérisée par de la toux. -5. SAR. mh. *həḳáwl* "faire pencher quelqu'un", *hátḳəl* "être penché". ¶. 2. v. HQM, HQƐ. -3. QLS 1189. -4. BEAUSSIER 1027. -5. JOHNSTONE ML 155.

HQLB, AR. soud. *haqlab* "vaincre; jeter". ¶. < QLB, ǦLB ? - QLS 1190.

HQLS, AR. *haqallas-* "méchant, de mauvais caractère".

HQM, AR. *haqima* "avoir une faim violente", *tahaqqama* "avaler par grandes bouchées; dompter, assujettir", *hiqamm-* "gourmand, glouton", *hayqam-* : bruit qui accompagne la déglutition; rugissement des vagues; mer vaste et profonde; autruche mâle; *hayqamānī* "grand, long". ¶. Voir sur toute la racine, KAZIMIRSKI II/1431. - v. s. HQL, HQƐ, LQM, QWM; aussi ŠQM.

HQƐ, 1. AR. *haqaɛa* "cautériser (un cheval)", *haqɛat-* "rosace de crins sur le côté du cheval". -2. *haqiɛa* "se jeter par terre pour se laisser couvrir par le mâle (chamelle)", *tahaqqaɛa* "être fier, s'enfler d'orgueil; commettre une action vile, ignoble", *ʾihtaqaɛa* "retenir, écarter, tenir à distance", *huqāɛ-* "torpeur, abattement". -3. *hayqaɛat-* "bruit sec, cliquetis". -4. SAR. mh. *hēḳa* "intense (froid)". ¶. 1. -2. v. WQƐ. -3.

v. QƐQƐ. **-4.** ML 155; à rapprocher de jib. *äḳεát* "vent d'hiver fort, froid et sec"; *h* du mh. pourrait être alors un développement de ʾ, mais v. ŠQƐ.

HQƐ, AR. *haqaga* "être faible, affaibli par la maladie ou la faim". **¶.** Comp. l'ak. *eqēqu*, *egēgu* "paralyser, affaiblir (?) [etwa "lähmen", AHW 231] ? v. aussi ƐQ/K.

HQP, AR. *haqaf-* "manque d'appétit".

HQṢ, v. QYṢ.

HQQ, 1. AR. *haqqa* "violer (une femme)". **-2.** ég. *haqq* "rôder, traîner", magh. "trotter (chameau)". **-3.** lib. "pleurer (enfant)"; ? ETH. tna. *həqəq bälä* "avoir le hoquet; glousser, vomir". **-4.** AR. tchad. soud. *hagg*, *hōg* "séparation des fesses". **-5.** SAR. mh. *hḳawḳ* "être patient". **-6.** ETH. g. *heqqu* "diacre". **-7.** te. *haqäqot* "assaisonnement". **-8.** tna. *haqʷäqʷä* "essayer une pierre comme meule, la marteler pour lui rendre le mordant". **-9.** *huqʷqʷa, həqʷqʷa* : tabatière ou boîte analogue. **¶. 3.** FRAY. 189, CS 27. **-4.** LPAT 513, 516 (d'ap. Hillelson, Lethem). **-5.** JOHNSTONE ML 155. Forme dérivée factitive en *h-* (subj. *yəháhḳəḳ*). Peut-être en rapport avec *šḳḳ*, v. s. ŠQQ. **-6.** CDG 219. **-7.** WTS 14. **-8.** CS 27. **-9.** Aussi *ḥəgʷat*, IBID. 26; v. s. ḤQQ. **¶¶. -3.** Berb. to. *hənəqqət* "avoir le hoquet", FOUC. 620; élargissement par *-n-* ?

HQR, 1. AR. *haqawwar-* "grand, long et stupide". **-2.** magh. *haqqar* "aviver, faire flamber (le feu)". **¶¶.** Berb. : Ghad. *ɓəqqər* "réduire et brûler (sauce)", LANFRY 23. Sur *h* > Ghad. *ɓ*, V. PRASSE H 5 et ici s. /h/.

-HR- Cette séquence consonantique se retrouve dans diverses racines qui ont parmi leurs valeurs celle de "exciter, agiter, irriter", v. p. e. HR', HRBD, HRG, HRS; les mêmes ou d'autres peuvent aussi signifier "déchirer, briser, etc.", v. p. e. HR', HRBG, HRBS.

HR, SAR. jib. *her* "pour, à, jusqu'à; si, quand"; (avec le subj.) "afin de". **¶.** La forme est *h-* avec les pronoms suff. et dans les formes composées, V. JOHNSTONE JL 93, 98; v. s. H, HL, HT; v. aussi HRR.

HR', 1. ARAM. targ. *ʾahᵃrē* "exciter, irriter", mand. *mahra* "maladie", AR. *haraʾa* "déchirer, lacérer; user (vêtement); assaillir, blesser; irriter (la peau); être très froid (vent); cuire trop la viande; tenir des propos obscènes, indécents". **-2.** AR. magh. *hrā* "pousser, chasser vers". **-3.** AR. *hurā'at-* "ânesse". **-4.** SAR. jib. *šəhérä'* "respirer". **-5.** ETH. te. *har'a* "tremper (intrans.) dans l'eau, être très humide, s'amollir". **¶. 1.** L'aram. est doublé par des formes en *ḥ* au lieu de *h*, v. s. ḤRY.; pour le mand., MD 240 le joint à HRR, v. s. - Sur l'ar., WEHR; V. aussi BORIS 643, s. HRY. **-2.** Lié à 1 ? - V. LENTIN 299. **-3.** V. FAGNAN 180. **-5.** WTS 11. **¶¶. 1.** Berb. zenaga *hərr* "chatouiller", BASSET SÉNÉGAL 250. **-2.** Berb. to. *hurət* "suivre à la trace", FOUC. 638.

HRB, 1. ARAM. syr. *h^e^rābā* "tumulte, bruit", AR. *haraba*, liḥ. tham. "fuir, s'enfuir", *harraba* "mettre en fuite"; ʿom. ég. "faire passer en contrebande"; ég. "cacher" ? soud. *hurrub*, *hurrēb* : cri pour faire venir les vaches, SAR. *hrb* "fuir, s'enfuir", mh. *hōrəb*, ḥars. *herōb* "mettre en fuite; faire passer en contrebande", jib. *ohurb* "s'enfuir; faire passer en contrebande", *hérəb*, mh. *hērəb* "craindre de faire qc", jib. *härbún* "avare, chiche; trop porté sur la nourriture", ETH. te. *harbä* "s'enfuir". **-2.** AR. yém. *harābah*, pal. *hrubbe* "citerne", soud. *hurrub* "trou dans le sol couvert de broussaille servant de piège; sol glissant ou qui s'écroule dès qu'on le foule". **-3.** tchad. *hārib* "prostituée". **-4.** AR. *hariba* "être vieux, décrépit". **-5.** AR. *hurb-* : pellicule de graisse qui tapisse l'estomac ou les intestins, **-6.** *mihrab-* : outil en bois pour élever et abaisser le semoir; morceau de tronc d'arbre qu'on traîne sur le sol après avoir semé. **-7.** yém. *mahrabah* : sorte de grande hache. **-8.** ETH. te. *hərban* "force". **¶. 1.** à **-7.** V. pour l'ar., LANE 2889, CASKEL 130, IT 318, QLS 1182, LPAT 510 (respectivement d'après Hillelson et Lethem), PIAMENTA 507; pour le sar. épigr., V. DIC. SAB. 56, JOHNSTONE ḤL 52, JL, 98, ML 159; pour l'éth., WTS 10, < ar. ? V. LESLAU NORTH 34. **-2.** V. GL. DAṮ. 2863, DALMAN ASP I2/526, pour le soud., premier sens dans Hillelson, V. LPAT 510, le second dans QLS 1182. **-5.** v. HRM. **-9.** WTS 11. **¶¶.** v. RBH.

HRB', ETH. te. *harbə'a* "être découragé".

HRBB, ETH. te. *harabäbä* "s'opposer par crainte", *täharbäbä* "parler par crainte". **¶.** < HRB.

HRBG, AR. syr. *harbaž* "déchirer", lib. "gratter"; *harbaž* : trou dans le sol pour recueillir l'eau de pluie. **¶.** DENIZEAU 539, FRAY. 188. Comp. HRBD, HRBŚ.

HRBD, AR. ég. *harbid* "mettre en lambeaux", ETH. g. *harbada* "être enragé, fou furieux; trembler de peur; se vautrer dans la boue", te. *harbäda* "stupidité", amh. *aräbbädä* "être agité". ¶. En guèze, on relève aussi la notation *ḥarbada*, V. LESLAU, CDG 219 qui ajoute le tigrigna. *ɛarbädbädd bälä* "gesticuler sauvagement" et cite aussi l'arabe *ɛarbada* "être querelleur"; pour le tigré, WTS 11, d'après liste lexicale de Sundström. - Voir ausssi sous 'BD/T, ƐBD. - Pour ces formes élargies avec R, V. RŮŽIČKA KD 124. Comp. HRBṬ, HRBL.

HRBĐ, 1. AR. *hirbiđ-*, *hirbađā(y)* : sorte de pas du chameau. **-2.** *hirbiđ-* "desservant d'un temple idolâtre". ¶. **1.** LANE 2890. **-2.** KAZ. 1410.

HRBṬ, ETH. te. *harbäṭä*, *harabäṭä* "se jeter à terre, se précipiter". ¶. Aussi *ḥarbaṭa*; < arabe *habaṭa* ? V. LESLAU NORTH 34. - Comparer HRBD, HRBL.

HRBK, AR. soud. *harbak* "trébucher". ¶. QLS 1182.

HRBL, 1. AR. hisp. **harbĕl* "ourler (la toile)", **harabŭl* "repli, ourlet". **-2.** **atharbĕl* "se vautrer", *taharbŭla* "vautrement". **-3.** soud. *itharbal* "marmotter, grommeler". **-4.** AR. magh. *harbala* "avoir peur, trembler". ¶. Pour l'hisp., *h* dans ALC. est transcrit *h* par DOZY, *ḥ* par CORRIENTE LEX. ALC. 42 avec références. **-1.** ALC. 369/31 s. "repulgar", 379/27 s. "repliego". **-2.** ALC. 365/33 s. "rebolcarse" et 375/39 s. "rebuelco". Comp. HRBD, HRBṬ. **-3.** LPAT (d'ap. Hillelson). **-4.** DOZY II/753. ¶¶. **-3.** Berb. tamaz. *hərbəl* "radoter, divaguer", TAÏFI 223.

HRBŚ, AR. daṫ. *harbaša* "déchirer", lib. *harbaš* "gratter la peau"; soud. *harbāš* : violent, qui manque de contrôle sur soi-même. ¶. GL. DAṪ. 2863, FRAY. 188, QLS 1182; v. HRŚ, et RŮŽIČKA KD 124. Comp. HRBG, HRBD.

HRBT, ETH. tna. *harbätä* "être affamé, rechercher de la nourriture". ¶. V. CS 23.

HRG, 1. OUG. *hrg*, CAN. h. *hārag*, mo. ARAM. anc. ya. AR. *harağa*, SAR. *hrg* "tuer", *thrg* "se battre", *mhrg* "carnage". **-2.** ARAM. syr. *h^erag* "occuper l'esprit; penser, méditer", AR. *hariğa* "être agité, excité", *harrağa* "rendre ivre, troubler l'esprit, plaisanter", *tahārağa* "s'agiter, être en tumulte (foule); se disputer, être en procès", yém. *harağ* "parler, causer; menacer", *harğ* "conversation", ég. *haṛag* "confusion, désordre", *haṛṛag*, *harrig* "semer le désordre, le trouble", soud. *harağ* "crier avec colère, se disputer violemment", *harrağ* "bavarder", hisp. *haraž* "tumulte", magh. *hraž* "faire du tumulte", *harž* "tumulte, agitation", SAR. mh. *hərūg* "parler", jib. *herog* "parler, critiquer", ETH. te. *harğa* "plaisanterie", *harrağı* "gai, enjoué", *täharäğä* "plaisanter". ¶. Pour te. *haräğ* "vente par enchères", v. s. ḤRG. V. LESLAU NORTH 34 (< ar. *ḫarāğ-* "taxe" ?). **1.** Sur l'ar., V. DOZY II/753 avec références. **-2.** BROCK. GVG I/522 voit dans l'ar. un causatif à *h-* de la rac. RGG "être excité". Pour le yém., GL. DAT. 2864; ḤAB. GLOS. 96. Sur le *fann at-tahrīğ* chez les nomades de Syrie, DOZY-ENGELMANN 309. Sur les autres formes ar., FAGNAN 180, QLS 1182, LPAT 510, LENTIN 299. Te < ar. ¶¶. **-2.** Berb. to. *harg^{y}ət* "voir en songe", FOUC. 643; ghad. *ɓərg* "rêver", LANFRY 28 (sur *h* > *ɓ* à Ghad., PRASSE H 5 et ici s. /h/). - to. *hərəgrəg* "ronfler (feu)", *həruhəq̱* "fuir tumultueusement", FOUC. 644.

HRGB, AR. *hirğab-*, *hirğāb-* "grand de taille (homme), rapide à la course (chamelle)". ¶. Oug. : dans KTU 1. 19 III 15, *hrgb* est le nom d'un oiseau de proie, qui a été rapproché de l'ak. *urgabu* qui est aussi un nom d'oiseau, V. TO I/451.

HRGG, 1. ETH. te. *harağäğä* "mêler plaisanterie et gravité, le bon et le mauvais". **-2.** *hargog belä* "venir en foule". **-3.** *hərgogi* "abîme". ¶. **1.** v. HRG.

HRGL, 1. AR. *harğala* "marcher d'un pas incertain", *hurğul-* "qui marche à grandes enjambées", *hirğall-* "chamelle longue ou grosse", *harāğīl-* (pl.) "grands, longs (hommes); gros, énormes (chameaux)", tun. *ihargəl* "trotter (homme), marcher à grands pas". **-2.** ég. *hargil* "mettre sens dessus dessous", soud. *harğal* "provoquer du tumulte, du trouble". **-3.** orient. *hargal* "mal habiller ses enfants, les tenir malproprement" ¶. **1.** D'ap. RŮŽIČKA KD 212, dérivé de RGL. V. LANE 3043; comp. HRGB. **-2.** QLS 1183; v. HRG. **-3.** BARTHÉLEMY 868 propose d'y voir un aram. **hargal* "faire tomber, faire trébucher (dans le malheur)". Peut-être faut-il rapprocher plutôt de *harkal*, v. s. HRKL ?

HRGM, 1. AR. *harğama* "courir, assaillir". **-2.** ETH. te. *hərgəmmay* : sorte de cactus. ¶. **1.** GL. DAT. 2865 et RŮŽIČKA KD 212. **-2.** WTS 12 : "Kaktusbaum, cactus-tree".

HRGS, AR. *hirğās-* "gros, corpulent". ¶. QĀMŪS : erreur pour *ğirhās-*.

HRGƐ, AR. *harǧaε-* "boiteux".

HRGP, AR. *hirǧaf-* "faible, débile", ETH. te. tna. *hargäfä* "broncher, vaciller, boiter", tna. *hargäf bälä* "être parasite, quémandeur, se montrer importun". ¶. Comp. s. HNGP.

HRGŠ, ETH. te. *hargäšä* "jouer, sauter".

HRGT, ETH. te. *hərgut* "somnolent", *tähargätä* "devenir somnolent, s'endormir". ¶. v. aussi ḤRG.

HRD, 1. AR. *harada* "déchirer, fendre, cuire trop la viande, la réduire en charpie", *hard-* "désordre, émeute"; soud. *harad* "frapper fort, faire mal", magh. maraz. *h^{a}rad* "frapper beaucoup ou souvent; sodomiser". **-2.** *hurd-* "curcuma; espèce de terre rouge", *harada* "teindre en jaune". **-3.** *hird-* "autruche femelle; homme de basse classe". **-4.** ETH. tna. *hərdäy* "insatiable (?)". **-5.** te. *həroda* "pierre roulant de la montagne". ¶. **1.** Comparer HRT, HRG. **-2.** < hindi *hard*, *haridrā*, même sens. V. LANDBERG, GL. DAṬ. 2865. **-4.** CS 24. **-5.** < YRD ? ¶¶. Pour l'araméen mandéen *hurdā* "roseau", voir sous ḤRD; pour l'éthiopien tigré *hərd* "talisman", voir sous ḤRZ.

HRDB, AR. *hardaba* "courir d'un pas rapproché, courir lourdement"; (avec *εalā)* "intimider, menacer", *hirdabbat-* "vieille femme; qui a le ventre gonflé; peureux, timide"; orient. *hardab* "venir (visiteur peu souhaité, antipathique)". ¶. LANE 2891, KAZ. 2411, BELOT 892, BARTHÉLEMY 867. Comp. HRDG.

HRDG, AR. *hardaǧa* "marcher d'un pas rapide". ¶. Comp. HRDB.

HRDL, AR. soud. *hardal* "descendre, pencher vers le bas". ¶. QLS 1183.

HRDM, AR. ég. *hardim* "démolir, détruire", AR. soud. *tahardam* "tomber de fatigue"; ETH. te. *täharaǧämä* "être réduit en miettes". - *harǧämä* "ne pas faire de différence". ¶. < HDM.- Arabe soudanais, QLS 1183, tigré, WTS 12; tigré < arabe ?

HRDS, 1. CAN. nh. *hirdūs* "copulation (oiseaux)"; *hard^{e}sīʾōt*, *hard^{e}siyyōt* (pl.) : sorte de colombes domestiquées. **-2.** AR. orient. *hardas* "devenir vieux, se faire vieux". ¶. Origine inconnue, V. DALMAN WB 118, JASTROW

365, 366 qui signale l'emploi du mot *hirdūs* dans le sens de "sodomisation (d'une femme)". -2. BARTHÉLEMY 867.

HRDP, CAN. nh. *hardāpāh* "emprisonnement". ¶. JASTR. 366 dérive de HDP.

HRDŚ, AR. magh. *harādiš* (pl.) "chiffons, friperie". ¶. BEAUSSIER 1023. - < Esp. *haldas* "pans, robes, etc. ?

HRHN, v. RHN.

HRHM, ARAM. nsyr. **harhem* "hennir". ¶. Base onomatopéique, V. MACUCH-PANOUSSI 49.

HRHR, **1.** ARAM. bibl. *harhorīn* (pl.), pal. *hirhūrā* "songes", syr. *harhārā* "mirage, illusion". - CAN. nh. *hirhēr* "réfléchir, méditer; avoir des pensées impures; critiquer, médire de", ARAM. syr. *harhar* "exciter", AR. *harhara* "agiter, remuer, tourmenter", *harhar-* "murmure d'une eau qui coule abondamment", *harharat-* "bêlement des brebis", *harhār-* "abondance (d'eau, de lait, etc.)", ég. *harhar* "avoir la diarrhée; ballotter (chairs flasques)", soud. *harhar* "rendre les excréments" SAR. mh. *ənharhūr*, jib. *ənhärher* "haleter (animaux)", *ehärher* "cajoler, persuader", ETH. te. *harharä* "appeler". **-2.** *hurhur*, *hərhər* "hâte", *hurhur ᵓabälä* "moudre rapidement". **-3.** tna. *harharä* "entrer, pénétrer, s'enfoncer entièrement". **-4.** *harhar bälä* "être en flammes". ¶. **1.** Aussi aram. mand. *hrara* "mirage, illusions", v. s. HRR. V. SCHULTHESS ZA 24/50, BROCKELMANN LEX. 183, JASTROW 366. Pour le tigré *harharä* "appeler" (< ar.), V. LESLAU NORTH. 34. **-4.** CS 20. ¶¶. **-1.** Berbère Ghadamès *ɓərɓər* "chanter (eau qui bout)", LANFRY 27. Sur *h* > *ɓ* à Ghadamès et le statut de *h* en berbère septentrional, V. PRASSE H 5 et ici s. /h/); tamazight *shirrəy* "grogner (chien), rugir (panthère)", TAÏFI 225. **-2.** *ahərhar* : le courant rapide d'une rivière", IBID. 222.

HRW, **1.** AR. *harā*, magh. *harwā* "frapper avec un bâton", *hārā* "se moquer de", *hāriⁿ* "faible, débile; tombé en ruine", *hirāwat-* "gourdin, gros bâton", pal. *hrāwe* "manche de la hache", *harāw* "hache", hisp. *hirāwah* "hampe de javeline". **-2.** AR. *harrā* "teindre en jaune". **-3.** ETH. g. *haro* : ciseau à bois. ¶. **1.** Pour l'ar. dial., ʿABBŪD, LÖHR 124, DENIZEAU 540, VOCABULISTA, ALC. 107/1, 306/29 s. "astil, mango de açadon". **-2.** < *harawā*, nom d'une étoffe de Harāt, en Afghanistan. V. FAGNAN 180. **-3.** V. MAGGIORA (d'ap. Tayye), 6. ¶¶. v. aussi HRY.

HRWD, ETH. te. *harawäǧä* "être incertain, hésiter". ¶. WTS 11.

HRWḤ, v. RWḤ.

HRWL, **1.** AR. *harwala* "marcher vite, trottiner; crouler (mur)". **-2.** hisp. **harwal* "menacer", malt. *herwel* "rendre fou (de peur, etc., en excitant l'imagination)". **-3.** AR. ég. *miharwil* "trop grand, mal seyant (habit)". ¶. **1.** Sur ce type de racines, V. GVG I/515; aussi GL. DAT. 2868. **-2.** relié à 1 ? Les notions de "hâte" et d'"excitation" sont souvent liées, v. p. e. HRGM, HRDB, HRHR, peut-être aussi HRGL. La racine avec cette valeur peut cependant être en rapport avec HWL, v. s. ¶¶. **-2.** En berb., kab. *hhərwəl*, *hhərwaw* "mugir (mer agitée, forêt agitée par le vent)".

HRWN, v. s. HRN.

HRWRW, ETH. te. *haräwräw gäʾa* "mûrir". ¶. WTS 11.

HRWŚ, **1.** AR. dat. *harwaš* "marcher très lentement". **-2.** magh. "déchirer, user un vêtement". ¶. **1.** GL. DAT. 2868.

HRZ, AR. *haraza* "agiter (la main pour faire signe); frapper", *hariza*, *harwaza*, *taharwaza* "périr, mourir". ¶. v. aussi HRD. ¶¶. Sur l'éth. te. *hərz* "amulette", v. s. ḤRZ.

HRZQ, ARAM. talm. mand. *harzeq* "enchaîner", AR. *hurzūqā(y)* "incarcération". ¶. MD 153 : < *ḥazzēq*, v. s. ḤZQ; mais voir aussi ḤRZQ.

HRṬ, AR. *haraṭa* "déchirer", *hirṭ-* "chairs flasques", *hayrāṭ-* "flasque". ¶. v. aussi HRD, HRHR, HRṬL, HRT.

HRṬL, AR. *hirṭāl-* "(homme) au corps grand et long", magh. *harṭal* "devenir flasque". ¶. LANE 3043, BEAUSSIER 1023. Comp. HRṬ.

≈ ≈ AR. *hurṭūqī*, *harṭūqī* "hérétique", orient. *harṭeq*, *harṭaq* "devenir hérétique", *harṭaqa* "hérésie". ¶. Pl. *harāṭiqah* < αἱρετικός. Sur la formation du sing. à partir du pl., V. A. SPITALER COROLLA F. SOMMER 220. Les autres formes sont dérivées secondairement.

HRY, **1.** AK. *erū*, OUG. *hry*, CAN. h. *hārā*, ARAM. anc. **hry*, SAR. **hry* "être enceinte, concevoir", OUG. *hr*, CAN. h. *hērōn*, *hērāyōn*, SAR. *hry* "conception, grossesse", CAN. h. *hārā* "enceinte", ? AR. soud. *harraw* : petits des camélidés. **-2.** AR. *hury-* "grenier, magasin aux grains". **-3.** magh. *harrā* "rougir, rubéfier, excorier la peau". **-4.** iraq. *hira*, maraz. *harṛa* "déchirer, lacérer"; ég. *hara* "faire se décomposer qc.", soud. *harā* "user (un vêtement)", orient. *hara* "gâter, pourrir qc (humidité)"; *hara*, malt. *herra* "user, épuiser", syr. *haryān* "fourbu", lib. *harṛa* "reculer", maraz. *hēri* "vieux". **-5.** ḥaḍr. *harā* "parler, causer"; maraz. *thāṛa* "gronder". **-6.** yém. *yiharrī* (inac.) "inciter", *ihtara* (*εalā*) "menacer", ég. *hara* "être très agité". **¶.** v. aussi HWR, HR', HRW, R'Y. **1.** A Ebla, une forme transcrite */harītum/* "enceinte", V. CONTI QUAD. SEM. 17 (1990) 166. - Pour l'ar. QLS 1185, le sar., DIC. SAB. (corrigenda) et H. PRESSLER AFO 6 (1979) 273. **-2.** Etym. obscure. Rapport avec gr. *ὡρεῖον*, lat. *horreum* (eux-mêmes sans étymologie connue) ? CORRIENTE VOC. 316, affirme l'origine égyptienne, à travers le copte bohairique "*ahor* 'tesoro'". Il convient de signaler que les formes *ahôr* en bohairique, *ahôôr* en sahidique sont des formes de pluriel, le sing. étant *aho*, ég. ancien *εḥε*; cependant DELC 22 signale l'existence probable d'une forme **ḥr* qui expliquerait les pl. coptes. **-3.** BEAUSSIER 1024. **-4.** DIA 479, BARTHÉLEMY 868, DENIZEAU 540, SPIRO 625, AQUILINA 458, BORIS 643. **-5.** GL. DAṮ. 2869; v. HRG. **-6.** ḤAB. 16/4, GLOS. 96. **¶¶. 1.** Cham.-sém. : ég. *ywr* "concevoir (un enfant), être enceinte"; berb. *aru* "enfanter, engendrer, accoucher"; couch. bed. *ʾōr* "enfant", ag. bil. *er-* "concevoir, féconder", som. *ūr-* "ventre, matrice; féconder", sid. ? ometo *ulo, hulo* "ventre", V. M.C. ESSAI 80 n° 90. Les faits semblent complexes. En berb., il est intéressant de considérer le détail des formes : Siwa *iru*, to. *aru*, Sened *eru*, mzab. *aṛu*, kab., tamaz. *arəw*; on constate que *h* initial du sémitique n'est présent ni dans les langues du Nord, ni - ce qui est plus remarquable (v. s. /h/) - en touareg. Faut-il invoquer la forme de Ghad. *əɓrər* "être fécondé" où *ɓ* peut correspondre à un *h* étymologique ? Il convient de noter que pour le couchitique, CERULLI GIANGERO 208 avait posé une rac. **qar* [sans doute plutôt *qʷar*] "engendrer", représentée dans l'ensemble de l'agaw (bil. *oqʷar*, ḫamir *oḫur* "engendrer", quara *ḫurā* "fils", etc.), dont il fait dépendre les autres formes couchitiques : bed. *ʾōr* "fils", som. *wr* "homme", *igar* "fils", oromo *worrā* "fils" (dans les noms de tribus), had. *qār* "engendrer", kamb. *qōč* "créer", sid. *arou* "mari", kafa *ūrō*, wolane *urā* "homme (vir)". (Notons pour mémoire : berb. kab. *əgri* "naître avant terme" et *əkkər* "naître"). V. aussi DOLGOPOL'SKIJ 80, 196, 199, qui pose **qn* pour "naître" (qu'il relie au sém. *qny* "créer", *qnṣ* "être enceinte" et au berb. *qny/w* "commencer", v.

p. e. tamašeq *agnu* "être commencé", 68) et *$*q^w l[\varepsilon]$* pour le nom de l'"enfant" (avec seulement des correspondants tchadiques). Si le rapprochement proposé par M. C. est valable, l'apparentement chamito-sémitique, tel qu'il le présente, impliquerait une correspondance : couch. q^w, sém. *h*, berb. *Ø* (*h* > *ƀ* seulement en ghad.). D'autre part couchitique et berbère présentent d'autres formes pour "naître", basées sur *ḍal* en couchitique, *lal* en berbère qu'il ne serait pas impossible de rapprocher. Le problème serait à reprendre.

HRYṬ, AR. lib. *haryaṭ* "s'affaiblir, maigrir". ¶. FRAY. 189 : < HRṬ.

HRK, 1. ARAM. syr. *hārkā* "ici, maintenant". **-2.** AR. ég. *harak* "réduire en purée", soud. *herek* "broyer", SAR. ḥars. *herōk* "moudre, pulvériser". **-3.** SAR. sab. *mhrk* "butin", ETH. g. *haraka* "piller", *məhərkā* "butin, dépouilles", *māhraka*, te. *maräka*, tna. gour. *maräkä*, amh. *marräkä*, arg. *marräka*, har. *maräḫa* "faire du butin, piller". **-4.** AR. *mahārik-* "plaques (d'argent)". **-5.** ETH. g. *haraka* "lier, attacher, entrelacer, tresser". **-6.** SAR. mh. *hārīk*, jib. *ähreк* : espèce d'arbre (*ʾarāk* ?), *ohork*, *ehrek* "ramasser les feuilles de cet arbre comme fourrage". **-7.** ETH. te. *harräkä* "se révolter, se dresser pour combattre". **-8.** tna. *haräkhuräkhu bälä* "maigrir; être creusé, percé (fosse, trou)". ¶. **1.** V. NÖLD. WZKM 8/265 n.4, et BROCK. GVG I § 108g. **-2.** Pour l'ar. soud., LPAT 511 indique (d'ap. Trenga, *Le bura-mabang du Ouadaī*, Paris 1947) que la forme est "pour *rehek*" et renvoie à *raḥak*. Sar : JOHNSTONE ḤL 52. **-3.** V. DIC. SAB. 57. Le v. g., dérivé secondaire de *māhraka* ? CDG 219 et 334; v. aussi s. MHRK. **-4.** FAGNAN 180. **-6.** La correspondance avec l'arabe *ʾarāk* d'une part, si elle se vérifiait, et d'autre part le ḥars. *yeḥerēk*, inciteraient à voir dans *h* un développement de ʾ, la rac. serait alors ʾRK. **-7.** V. aussi s. ḤRK. **-8.** CS 23. ¶¶. **-2.** Berb. ghad. *əƀrəg* (*g* !) "concasser", LANFRY 28 (sur *ƀ* < *h*, PRASSE H 5 et ici s. /h/).

HRKK, ETH. te. *harkäkä* "plaisanter, moquer". ¶. WTS 11.

HRKL, 1. AR. *harkala* "marcher avec fierté", *hurākil-* "gros, corpulent". **-2.** orient. *harkal* "vieillir, être décrépit". ¶. **1.** GL. DAT 2867 (d'ap. LA). **-2.** BARTHÉLEMY 868 propose d'y voir un emprunt à l'aram. syr. : *ʾarken* "fléchir, baisser, humilier"; v. aussi s. HRKN.

HRKN, AR. ég. *hirkin* "user, épuiser, déchirer en morceaux". ¶. SPIRO 625; v. aussi s. HRKL.

HRKS, AR. hisp. *hirkāsah* "sandale de cuir". ¶. Empr. berb., CORRIENTE AWRAQ 4 (1981) 28. Comp. kab. *arkasən*, *tarkast*, tamaz. *arəks* "sandale, mocassin de peau de boeuf", DKF 723, TAÏFI 580.

HRKT, ETH. te. *harkätä* "imiter le travail en jouant; trotter autour", tna. *hark*^{w}*ätä* "être actif, pressé". ¶. WTS 11.

HRL, AR. *haral-* : le fils qu'une femme a eu d'un mariage antérieur. ¶. DOZY II/755.

HRM, **1**. AR. *harima* "être sénile, décrépit", *harrama* "rendre sénile; tomber en ruines; honorer, révérer". ? SAR. *hrm* : un certain malheur. **-2**. *harama*, *harrama* "couper en petits morceaux", soud. *harmah* "voyage au loin, fuite", maraz. *hrəm* "devenir cassant, très sec", *harram* "faire des reproches", ETH. te. *harmä* "frapper; jouer d'un instrument", *hərmät* "coup, violence", *harrämä* "sarcler", *həromay* "cloche", tna. *harämä* "frapper". - ? te. *harma*, *harmay* "voleur", **-3**. AR. *hirm-*, *harim-* "entendement, raison", *harāmat-* "intelligence, raison". **-4**. *haram-* "pyramide d'Egypte". **-5**. ʿom. *hirim* "nourrir avec des plantes salines", ? SAR. ḥars. *hērem* "avoir la diarrhée, l'estomac dérangé", ETH. te. *mäharəm* "gros intestin". **-6**. mh. ḥars. *hərōm*, jib. *hérúm*, soq. *hərom*, *šerom* "arbre". ¶. **-2**. Tigré *harma*, *harmay* < arabe *ḥarāmī*. LESLAU NORTH 34, pour la notion "frapper", rapproche le tigré *ʾarräma* "sarcler, corriger". **-4**. V. E. GRAEFE EI^{2} III/177 : origine douteuse. **-5**. Sudaabique : JOHNSTONE HL 52; te., noté aussi *maḥram* (MUNZ.), V. WTS 10. **-6**. Noter que le soq. *šerom* et le jib. *hérúm* ne présentent pas une correspondance normale.

HRMZ, **1**. AR. *harmaza* "être éteint, s'éteindre (feu)". **-2**. "tourner dans sa bouche (un morceau qu'on mange)".

HRMṬ, AR. *harmaṭa* "s'attaquer à l'honneur de".

HRML, AR. *harmala* "épiler, couper le poil"; *harmalat-* "vieille femme; femme sotte".

HRMS, **1**. ARAM. syr. *hermāsā* "poutre faîtière; chevalet de torture", AR. pal. *harmīs* : axe du pressoir à huile, ég. : axe vertical de la *sāqia*. **-2**. AR. *harmasa* "être sévère, renfrogné", *harmasat-* "vacarme (produit par une troupe)". ? soud. *ʾumm harmās* "pluies abondantes". **-?3**. ETH. g.

harmās "éléphant". ¶. -2. Pour l'ar. soud, QLS 1184, v. aussi HRMŚ. - La rac. sert à former des qualificatifs désignant le lion, le buffle ou le rhinocéros, V. NÖLD. NBSS 58. -3. Rapport avec 2 ? V. aussi CDG 219.

HRMƐ, AR. *ʾihrammaɛa* "être rapide à la course; être prompt à pleurer". ¶. V. GL. DAT. 1459 et v. HMƐ, HRƐ : croisement ?

HRMRM, ETH. tna. *harämräm bälä* "manifester de l'avidité, de la gloutonnerie; dire des futilités". ¶. D'après M.H.R-T.; CS 20.

HRMŚ, 1. AR. lib. *harmūš* "vieillot, très vieux". -2. *harmāš* "pluies abondantes". ¶. 1. FEGHALI LIB. 42. Comp. HRMS, v. HRM. -2. v. aussi HRMS.

HRN, 1. AR. *hārūn-* "chat", orient. *hārun* "matou; chat mâle", *hōran* "être en chaleur (chatte)". -2. magh. *harran* "être rétif (cheval). ¶. 1. DOZY II/744, BARTHÉLEMY 868, 876. - v. HRR. -2. LENTIN 299. - Comp. ḤRR.

HRNN, AR. magh. *harnan* "murmurer, marmotter".

HRNƐ, AR. *hurnuɛ-*, *hurnūɛ-* "pou".

HRNP, 1. AR. *harnafa* "rire légèrement, sans éclats", -2. magh. *harnaf* "vieillard décrépit".

HRNṢ, AR. *harnaṣa* "ronger l'intérieur de l'arbre (insecte)", *hirnaṣānat-* "insecte qui ronge l'arbre".

HRS, 1. CAN. h. *hāras* "démolir, anéantir", mo. *hrs* "détruit", AR. *harasa* "piler avec force, broyer", *harisa* "être très vorace, glouton", *mihrās-* "fort, robuste, gros et lourd (chameau)", maraz. *hᵊras* "dévorer, manger beaucoup", tchad. *haras* "charogne; cadavre de bête", ETH. te. *haršä*, *harräšä* "briser, mettre en pièces". - AR. magh. *mahras* "tourbillon d'eau"; - ARAM. syr. *harīsā*, AR. *harīsat-* : sorte de ragoût, orient. *hrīse* : mets de viande bouillie avec du blé mondé; confiserie à base d'amandes ou de pistaches, hisp. *harīsah* : plat de blé bouilli et de viande hachée, magh. : diverses préparations culinaires (mets, condiments, pâtisserie) à base d'ingrédients (blé, orge, piments, amandes, etc.) pilés. -2. AR. *hars-*, *haris-* "chat". -3. ETH. te. *harräsä* "éveiller, exciter", *haräsä* "tenir éveillé". -4. tna. *haräsä* "dormir, se reposer". ¶. 1. HAL 246 rapproche sar. *hrś* (lire *hrš*), qui est plutôt un causatif en *h-* de la rac. RŠŠ, V. BEESTON JSS 22 (1977) 51 et DIC. SAB. 118. V. aussi LPAT 511 (d'ap. Lethem), LENTIN 299; pour la *harīsah*, GLOS. LEYDE, BARTHÉLEMY 867 avec références, BROCK. LEX. 184. **-4.** CDG 244 rapproche dubitativement de g. *ḥarrasa* "dormir" (= *ḫarasa* ?, v.s. ḪRS). **¶¶. 1.** Berb. tamaz. *harš* "énerver, agacer"; *ahraraš* "décrépit, affaibli (par l'âge)", TAÏFI 224.

HRSM, 1. AR. tchad. *harsam* "empêcher, prévenir, restreindre". **-2.** ETH. te. *haršämä* "briser en morceaux, émietter". **¶. 1.** LPAT 511 (d'après Lethem). **-2.** v. HRS.

HRƐ, 1. AR. *haraεa* "courir d'un pas tremblant", *hariεa* "couler avec rapidité (sang)", *huriεa* "être tremblant de peur, de colère, etc.", *harraεa* "pointer (ses lances contre les ennemis)", *ʾihtaraεa* "casser un morceau de bois", *hayraεat-* "bruit, cliquetis des armes", hisp. **haraε* "accourir". **-2.** magh. *mahrūε* "qui a l'oreille ou la lèvre pendante", maraz. *hᵃraε* "fendre l'oreille aux chameaux". **-3.** "écarter le vêtement dénudant une partie du corps". **-?4.** *harεat-*, *hariεat-*, *hawraε-*, *hayraε-*, *hayraεat-* "femme très lubrique". **¶. 1.** VOCABULISTA. **-2.** BEAUSSIER 1023, BORIS 642. **¶¶.** v. aussi s. RWƐ.

HRƐL, AR. *harāεilat-* (pl.) "gens de basse extraction".

HRP, 1. CAN. h. *hāri(y)pōt* (pl.) "graines (?). **-2.** nh. **hᵃrīpāh* "clignement". **-3.** AR. *harafa* "vanter outre mesure", *ʾahrafa* "se hâter de dire ses prières; avoir les dattes promptement mûries; s'enrichir promptement", orient. *haraf εalā* "médire de", ETH. te. *harfä*, tna. *haräfä* "désirer avec avidité, cupidité". **-4.** AR. daṯ. *haraf* "trottiner; bruire, siffler (vent)", pal. "hurler (chien)", orient. "mettre son cheval au petit galop". **-5.** soud. *haraf* "lieu glissant, bord d'un fleuve". **-6.** pal. *hirfi*, *harīf* (pluie) qui tombe avant le 14 septembre; ? *harfi* "nouveau-né, jeune". **¶. 1.** La forme h. présente, au pl. seulement, dans 2 Sam. 17/19 et Pr 27/22, n'a pas d'interprétation sûre; la traduction par "graines" a pour elle la traduction latine (*ptisanas* "orge mondée" dans les deux cas); mais le texte targoumique a des leçons différentes. La LXX garde le mot sous la forme αραφωθ dans le premier cas et, comme le targum, présente qc comme "assemblée", "conseil" dans le second. On a proposé de rattacher le mot à différentes rac. : ḪRP, RYP, RPT, v. s. **-2.** dans l'expression *hᵃrīpat εayin* "clignement d'oeil". **-4.** GL. DAṮ. 2867. **-5.** QLS 1184. **-6.** V. DALMAN ASP I1 116, DENIZEAU 539, DIA 479.

¶¶. -3. Berb. tamaz. *hərnəf* "être avare de son bien, ne vouloir rien prêter" (*n* d'élargissement ?). V. TAÏFI 224. **-4.** to. *hərərrəfət* "passer en bouffée (vent)", FOUC. 662.

HRPL, ARAM. syr. *m^eharp^elā* "fouet". **¶.** Pers. ? V. BROCK. LEX 184.

HRPS, AR. *muharfas-* : castrat rendu tel par la compression et le dessèchement des testicules.

HRPP, ETH. te. *täharfäfä* "s'émousser", tna. *harfäfä* "être rugueux, bosselé". **¶.** Ainsi dans CS 26, mais sans doute de rac. *ḥrf* (*ḥ* !).

HRṢ, **1.** AR. *hariṣa*, *harraṣa* "avoir des dartres", dat. *hriṣ* "souffrir de la gale". **-2.** *harīṣat-* "mare d'eau stagnante". **-3.** AR. lib. *haraṣ* "écraser", ETH. te. *harṣä* "piétiner; bouillir violemment". **-4.** AR. tun. *hāraṣ* "rechercher". **¶. 1.** v. HRḌ. LANDB. GL. DAṮ. 2866 relie à 4. **-3.** Comp. HRS. Pour l'ar. FRAY. 188. **-4.** STUMME TGA 26.

HRṢṢ, ETH. te. *harṣäṣä* "grincer des dents de rage".

HRḌ, **1.** AR. *harada* "fendre, déchirer". **-2.** *harad-* "dartres, pustules". **-3.** ETH. tna. *harädä* "faire l'objet d'un prêt à intérêts", *harādi* "prêteur, usurier". **¶. -2.** Comp. HRṢ. **-3.** Comp. ḤRṢ.

HRQ, **1.** AR. *harraqa* "verser, faire des libations". **-2.** orient. *haraq* "déchirer, trouer; gâter les enfants", soud. *harraq* "couper; passer". **-3.** AR. ég. *harraq* "rire à gorge déployée, se moquer de". **¶. -2.** DENIZEAU 539, QLS 1184.

HRQL, AR. *harqala* "trotter"; *harqālat-* "houlette, bâton de berger". **¶.** Comp. HRKL. V. DOZY II/755.

HRQM, AR. dial. hisp. *hĕrqueme*, magh. *hargamah* : plat de tripes, d'abats, de pieds, etc., *hargam* "manger gloutonnement toute sorte de saletés". **-2.** maraz. *haregma* "vieillard; vieux chameau aux os saillants". **¶. 1.** Le mot désigne des plats différents selon la région, v. DOZY II/755 avec références. Aussi BEAUSSIER 1024, BORIS 642. **¶¶.** CORRIENTE LÉXICO 211 pense à la possibilité d'une étymologie berbère, signalant la forme kab. *erkem* "estar muy cocido", à laquelle DKF 722 donne le sens de "bouillir"; pour la tamaz. *rkəm* est "bouillir, bouillonner", et aussi "mitonner", TAÏFI 580; la rac. est représentée en to. par le v. *rukmət* qui a le sens de "étouffer de chaleur", FOUC. 1630.

HRQṢ, AR. *harqūṣ-* "mauvais souliers, vieilles savates". ¶. DOZY II/755.

HRR, **1.** OUG. *hr*, CAN. ta. *ḫarri*, phén. pun. *hr*, h. *har* "montagne". **-2.** OUG. *hrr* "désirer ardemment", CAN. nh. *harūrīm* "passion", SAR. mh. *əhtərūr* "regretter, regretter de ne pas posséder", jib. *ähtérér* "se faire devancer dans l'acquisition de qc qu'on désire vivement", mh. *šəhrūr*, jib. *šhərér* "vouloir racheter". **-3.** ARAM. mand. *hrara* "hallucination, mirage, illusion". **-4.** ARAM. syr. *har* "disputer, quereller", *hertā* "querelle", mand. *hiuara* "cruel, violent", AR. *harra* "avoir en horreur; être méchant", hisp. *harr* "lacérer, déchirer en lanières", malt. *herra, herriera* "grossièreté"; - ARAM. syr. *h^e^rārā* "cri du chat", AR. *harra* "gémir, geindre (chien); être méchant; conduire les moutons ou les chèvres ou les appeler", *hirr* : cri pour appeler les moutons ou les mener à l'eau, *harīr-* : grincement d'une pierre à meule, orient. *harr* "ronronner", hisp. *harr ɛalā* "menacer", hisp. *hărre* : cri pour faire avancer les ânes, SAR. mh. *hrūr b-* "exciter (un chien) contre qn", jib. *ährer* "chasser les mouches", ETH. te. *hər belä* "retentir; rayonner (lumière)", *harär wäda* "rugir", *hərr* : cri d'une armée pendant le combat, tna. *ərrər* : cri pour appeler un chat, *horra* : cri de joie poussé par les amis de l'époux, amh. *arrärä* "crier". - ARAM. syr. *harārtā*, AR. *hirr-*, amh. *wərro*, gaf. *urrä* "chat". **-5.** AR. *hurr-* "grande quantité d'eau ou de lait", ég. *harr* "couler, suinter, goutter", lib. syr. "dégouliner; tomber (poussière)", magh. "verser du grain, des fruits (dans un sac, etc.)", *ihəṛṛ* (inac. seulement) "bavarder"; AR. *hurār-* "violente diarrhée", ég. lib. *haṛṛ* "avoir la diarrhée", tchad. soud., maraz. "aller à la selle", ETH. te. *harrä* "jaillir; se hâter; tomber dru (pluie)", *härerbayt* "qui se hâte", *herära* "s'en aller", tna. *hayrärä* "fuir". **-6.** *harär belä* "ne pas être satisfait". **-7.** amh. *har(r)* "soie". ¶. **1.** L'oug. dans KTU 1. 107/7. - MAJZEL' 216 compare ar. *ɛurɛur-* "sommet (d'une montagne, d'une bosse; cime)" et ḥaḍr. *ɛurr* "montagne isolée" (LANDB. GL. DAT. 2276) **-2.** V. GORDON UT 392, TO I/343, MLC 543; La forme nh. est utilisée aussi pour nommer des relations "contre nature" avec une femme, JASTR. 366. - Une forme min. *yhrrn* (RES 3902, n°132/2) reste inexpliquée. - v. aussi ḤRR. **-3.** Comp. HRHR. **-4.** V. BROCK. LEX. 182, 183. Le mand. *hiuara* est expliqué par l'analogie avec *hiuara* "blanc" par MD 142. **-5.** Sur l'ar., LANE 2888, 3043 d'ap. TA., KAZ. 1408; pour diverses formes dialectales en ar., GL.

DAT. 2863, QLS 1182, LPAT 510 (d'ap. Carbou, Lethem), SPIRO 624, VOCABULISTA, BARTHÉLEMY 867, ALC 277/37 s. "harre", AQUILINA 458, LENTIN 299, MARAZ. 641. Sar : JOHNSTONE JL 98, ML 159. Eth : M. COHEN NEEM 333, WTS 9, CS 19, LESLAU GAFAT 182; pour le nom du "chat (mâle)", la comp. avec l'ar. *hirr-* est dans EDG III/328; il est peut-être utile de noter que le "chat" est en ar. yém. *εirrī*, *εurrī*, en mh. *εarrī*. **-5.** Le tna. dans LESLAU NORTH 35. **-6.** WTS 10. **-7.** < ḤRR ? Sur *-r(r)*, v. M COHEN NEEM 39. **¶¶. -4.** Pour les mots nommant des bruits, des cris, etc., berb. mzab. *əhru* "gazouiller (enfant)", tamaz. *shirrəy* "grogner (chien)", rugir (panthère)". ? Ghad. *āƀər* "bouillir" (sur *ƀ* < *h*, PRASSE H 5 et ici s. /h/). - Couch. : le nom du "chat" est *hurri*, *urri* en som. Dans l'aire de la Corne africaine, d'autres formes du nom mériteraient d'être étudiées dans leurs rapports avec la forme sémitique éthiopienne. En couch.-omot. le kafa et le moča présentent des formes *kullārō* (kafa), *kullānē* (moča), apparentées au nilotique masongo *kulārō*, p. e., peut-être au goro *moru* "chat" et au bari *kwaro* "guépard" (V. CERULLI CAFFA 461), qui peuvent ne pas être étrangères aux noms cités plus haut.

HRRB, v. s. HRR.

HRŚ, 1. AR. *hariša* "être méchant", *haraša* "être dur, adverse; gratter, égratigner", *hāraša* "se jeter sur qn, l'égratigner, le quereller"; dat. *haraš* "marcher avec rapidité, se dépêcher; attendre; avaler, dévorer"; orient. *haraš* "dire des futilités; folâtrer, jouer des mains", hisp. *harašāt* "ébats brutaux d'amants", *tataharaš* (inacc. 3ème p. fém. sing.) "s'ébattre (chiens excités avant l'accouplement)", *harāš* "querelle"; ETH. te. *harša* "casser en morceaux". **-2.** AR. orient. *harraš* "vieillir", maraz. *hrəš* "s'alourdir par l'âge". **-3.** yém. *harīš* : bouillie faite de gruau. **¶. 1.** Pour l'ar. hisp., la définition est dans le GLOS. LEYDE *harašāt* "juegos violentes de amantes"; VOCABULISTA : *tataharaš tahāruš al-kilāb* "ser azuzados los perros en lucha", V. l'étude de la rac. dans DOZY II/754. - Te. *harša* < ar. *harasa*, d'ap. LESLAU NORTH 34. **-3.** ḤAB. GLOS. 96. Comp. HRS. **¶¶.** v. ḤRŚ.

HRŚB, AR. *hiršabbat-* "vieille femme usée". **¶.** V. aussi s. HRŚ, HRŚP, LANE 2892.

HRŚM, 1. AR. *haršama* "démolir, ruiner, casser", *hiršamm-* "montagne dont la terre est tendre", *hiršammat-* "sol dur", ég. *haršim* "blesser à la face", ETH. te. *haršama* "briser en morceaux". **-2.** AR. *hiršammat-* "brebis qui donne beaucoup de lait". ¶. **1.** Comp. HRŚ, HŚM. V. RŮŽIČKA KD 362, GL. DAT. 2866. **-2.** Comp. HRŚ.

HRŚN, AR. *hiršin-* "qui a la bouche large". ¶. Comp. s. HRT.

HRŚP, AR. *haršafa* "absorber, pomper (étoffe)", *hiršaffat-* "serpillière, linge servant à récupérer l'eau de pluie". ¶. LANE 3043 renvoie à HRŚB.

HRŠ, v. RŠŠ.

HRT, 1. AK. *arīt-*, OUG. *hrt* "bouclier" (?). **-2.** AR. *harata* "percer, déchirer; cuire la viande complètement, de manière qu'elle se détache de l'os", orient. *harat* "croquer", boukh. "craquer (sous la dent)", cl. *harata*, magh. *harrat* "attaquer la réputation de qn"; AR. *harita* "avoir une grande bouche", *harit-*, lion". **-3.** SAR. jib. *herot* "descendre, débarquer", ETH. te. *hartä* "renverser, accabler". ¶. Nh. *hẹrẹt*, "sein (d'un animal) ? pancréas ? thymus ?", JASTR. 369. **-1.** Oug. dans KTU 4. 390, V. DLS, UF 5, 87 et HUEHNERGARD UVST 122. **-2.** Pour l'ar. *harita*, comp. s. HRŚN; v. HRD. ¶¶. **-3.** Berb. kab. *hərt* "bas fond", v. HYR, WHR.

HRTK, 1. AR. orient. *hartak* "cortège; bagages, hardes; grand festin", soud. *hartkīt* "chameaux en grand nombre". **-2.** ETH. tna. *hartak^{w}i* "peureux, poltron". **-3.** *hartäk^{w}ətäk^{w} bälä* "être tendre, légère, se labourer facilement (terre)". ¶. **1.** BARTHÉLEMY 867, QLS 1182. **-2. -3.** CS 23. **-3.** Comp. ḤRŦ ?

HRTMN, ARAM. syr. *hārtamān* "là". ¶. v. HRK.

HRTT, ETH. te. *haratätä* "dire en plaisantant", *haratätot* "plaisanterie". ¶. v. HRG, HRD, HRGG.

HRŦ, AR. *hirŧ-* "vieux vêtement usé". ¶. LANE 2890.

HRŦM, 1. AR. *harŧam-*, *huraŧim-*, *harŧamat-* "lion". **-2.** *harŧamat-* "bout du nez".

HŚBL, AR magh. *hašbal* "abîmer, démolir".

HŚD, AR. daŧ. *haššad* "broder dans ses propos". ¶. GL. DAŦ. 2871; v. HST.

HŚHŚ, AR. *hašhaša* "agiter, remuer, secouer", *hašhāš-* "généreux".

HŚW, AR. *hāšā* "jouer, plaisanter, badiner avec qn".

HŚY, **1.** AR. magh. *hša* "fléchir sur ses jambes". **-2.** tchad. *ʾanhaša* "manger à satiété". **¶. 1.** LENTIN 300 donne le sens comme incertain. **-2.** LPAT 512 (d'après Lethem).

HŚK, **1.** AR. ég. *hiššik* : interjection de plaisir devant un spectacle, une fête. **-2.** *haššik* "dorloter un enfant", soud. *hašak* "parler beaucoup, être bavard, hâbleur". **¶. 2.** Pour le soud., QLS 1187.

HŚL, **1.** AR. *haššala* "lâcher un peu de lait (chamelle)", *ʾihtašala* "se servir de qc sans la permission du propriétaire". **-2.** dat. *hašal* "blaguer". **-3.** "courir à petits pas, trottiner", *haššal* "chasser, mettre à la porte", ʿanazeh *hašal* "arriver inopinément le soir ou la nuit", syr. *hašal* "vagabonder", lib. *hawšal* "vivre sans règles, comme un sauvage (enfant)", *hawāšel* (pl.) "bêtes sauvages". **¶. 2.** GL. DAṮ. 2871; v. HŚW, ḤNŚL. **-3.** GL. DAṮ. 2871, BARTÉLEMY 870, FEGH. LIB. 14, FRAY. 190.

HŚM, **1.** AR. *hašama* "casser, écraser", *tahaššama* "être mou, languissant, faible", *hušum-* (pl.) "montagnes dont le sol est tendre", *hašīm-* "cassé, bois cassé; bois sec pour le feu", tchad. *hišīm* (pl.) "bûches pour le feu", *hašīm* "combustible"; ég. *haššim* "écraser, broyer". ? AR. *hašamat-* "chamois". **-2.** *haššama* "honorer, respecter", *tahaššama* "se concilier qn; ? traire avec toute la main", *hašim-* "généreux, bienfaisant"; ég. *hašmī* "gigantesque, énorme". **¶. 1.** Ar. : LA, KAZIMIRSKI II/1424. Pour le tchad., LPAT 512 (d'après Lethem). Comp. HRŚM, HŚBL, HTHT, HTW, HTM, HTT, HṮM. **-2.** SPIRO 626.

HŚR, **1.** AR. *hašara* "épuiser à force de traire", *haššara* "devenir lâche, sans vigueur", *hayšar-* "faible, chétif". **-2.** *hašrat-* "vivacité, pétulance". **-3.** *hašir-* "fourré", magh. *hayšar* "herbes, herbage", SAR. ḥars. *hatśer* "être mélangé, de différentes espèces". **¶. 3.** V. DOZY II/758, JOHNSTONE HL 53.

HŚŚ, **1.** AR. *hašša* "être tendre, mou (pain)", *hašša, hašiša* "être gai, alerte, de bonne humeur", ég. *hašš* "délicat, fragile", dat. *hašš* "pleuvoir fin", pal. "sourire". **-2.** *hašša* "chasser (mouches, etc.)"; ég. *hišš* : cri poussé en chassant les mouches; cri pour arrêter, ralentir ou calmer un animal. **-3.** AR. *hašša* "abattre du feuillage pour le bétail", iraq. *hašš* "croquant, croustillant"; **-4.** pal. *hišš* "poterie". **-5.** magh. maraz. *hašš* "boire pour la 2ème fois après un intervalle (bétail)". **-6.** SAR. ḥars. *hešáyšeh* : nom d'une plante. **¶. 1.** V. LANE 2894, DOZY 757, ʿABBUD 4943, DENIZEAU 541. v. aussi HŠW. **-2.** IRAQ. 480, BARTHÉLEMY 869. Pour le cri, v. aussi HSS. **-3.** DALMAN ASP I^2 475, IV 252. **-6.** Le mot a la forme d'un emprunt à l'ar. ʿom.

HŚT, AR. *hašata* "mentir", *haššata* "plaisanter"; soud. *haštā haštā* : cri par lequel on excite le chien contre la proie. **¶.** LANDBERG, GL. DAṮ. 2871, QLS 1187.

HŠWŠW, ETH. te. *hašäwšäw* wäda "tomber (pluie)". **¶.** WTS 14; v. s. HŚŚ.

HŠKB, ETH. te. *haškäbä* "tromper, frauder, faire tort", *həškabät* "fraude". **¶.** WTS 14.

HŠL, ETH. g. *hašal* "rênes, bride"; te. *hašälšälä* "perdre du poids, de la force". **¶.** MAGGIORA 6.

HŠN, ARAM. talm. **hōšęn* dans *hōšnē pštn* : "tiges de lin", dans un état de préparation intermédiaire. **¶.** JASTR. 341.

HŠŠ, 1. ETH. te. *hašäšä* "faire de nombreuses encoches dans les oreilles des chameaux". **-2.** *hašäš belä* "porter tout". **-3.** *hašiš* "vieux", tna. *hašäšä* "être paralysé", *məhšaš* "paralysie". **¶. -3.** Dans l'expression *hašiš wäbäšiš* "vieux et faible", WTS 14.

-HT- 1. HT semble constituer une base biconsonantique de racines diversement complétées pour nommer l'action d'"écraser, briser, etc."; v. s. HTHT, HTW, HTT, peut-être HTʾ; comp. aussi HTM. **-2.** Ces mêmes racines ou d'autres contenant la séquence consonantique HT signifient "crier" : HW/YT, HT, HTHT, HTW; v. aussi HTG, HTP. **-3.** Les mêmes ou d'autres, contenant la même séquence ont parmi leurs valeurs, celle de "parler beaucoup, à tort et à travers, délirer, etc."; v. HYT, HTW, HTWR, HTL, HTK, HTM, HTML, HTMR, HTP, HTR, HTRP, HTRŚ, peut-être HTŚ. Quelques-unes de ces dernières sont fondées sur HTR/L avec diverses sortes de croisements et d'élargissements; comp. aussi HŦRM. **-4.** Il faut signaler enfin que quelques racines à séquence HT signifient "pleuvoir", comme quelques racines en -HṬ-, v. HTL, HTN, HTP. **¶¶. 2.** Eg. *ht* "appeler".

HT, 1. OUG. *ht* "maintenant"; voici !". -2. SAR. ḥarṣ. *het* "avec, chez, à la maison de, à". -3. ETH. te. *hač belä* "mettre en fuite; tourmenter", *hač ʾabälä* "mettre un terme"; *hat-bat* "tâtonner (comme un aveugle)". ¶. v. aussi s. HTHT. 1. GORDON UT 392. Comp. HL et v. s. H-. -2. JOHNSTONE ḤL 51 suggère interrogativement = *h* + *t*, v. s. H, HL. -3. v. s. -HT-.

HTʾ, 1. AR. *hataʾa* "frapper; avaler, dévorer", *tahattaʾa* "être usé et déchiré (vêtement)", *hatāʾ-* "fissure, fente"; *hatiʾa* "être courbé, penché vers la terre (homme)". -2. *hatʾ-*, *hitʾ-*, *hatīʾ*, *hatʾat-*, *hatyāʾ-*, *haytāʾ-* "temps, moment". ¶. v. HTK, HTR. -1. v. les renvois s. -HT-.

HTB, AR. soud. *hawātīb* (pl.) : percée du jour et crépuscule. ¶. QLS 1199.

HTG, AR. soud. *hatǧ* : cri pour pousser les chameaux. ¶. v. s. -HT-.

HTHT, 1. AR. *hat hat* : cri pour pousser les chameaux à boire, *hathata* "crier *hat hat* pour pousser les chameaux à boire", "être rapide dans sa parole", magh. *hathat* "balbutier", SAR. ḥars. *háthet*, *enháthet* "soupirer". -2. AR. *hathata* "briser, broyer, écraser", ég. *hathat-*, *hithāt-* "catastrophe". -3. soud. *hithit* "longue chevelure ébouriffée". ¶. 1. LANE 2877; comp. HDHD, HTG. -1. -2. v. les renvois s. -HT-. -3. LPAT 508 (d'ap. Hillelson).

HTW, 1. AR. *hatā* "briser, écraser avec les pieds". -2. "criailler, déclamer, extravaguer". -3. *hāti* "donne !", *hātā* "donner, accorder". ¶. 1. -2. v. s. -HT-. -2. DOZY II/747. -3. Le v. est formé sur l'interjection *hāti !* (v. s. H). Comp. HTM.

HTWR, AR. *hatwara* "délirer". ¶. DOZY II/747; v. HWTR, HTR et les renvois s. -HT-.

HTY, AR. pal. *hatā* "badiner, folâtrer", ég. *hāta* "répéter sans cesse". ¶. V. BAUER PALÄST. 42.

HTK, 1. AR. *hataka* "déchirer, dévoiler, révéler, déshonorer, diffamer", *hitk-* (pl.) : parties de la membrane qui enveloppe le foetus; ég. *hatak* "exposer, révéler", *mahtūka* "prostituée", *hatīka* "scandale". -?2. lib. *htîke* "vieilleries, personnes ou choses sans valeur". - ETH. te. *hatäk* "bavardage". -3. AR. *hutk-* "minuit". ¶. 1. v. HTʾ, HTR. -2. DENIZEAU 537. Hisp., dans ALC 360/4, *cahba mahtuca* (lit. "putain dévoilée, révélée") est glosé : "puta barbacanera" [*putain de guerre, garse de soldats, coureuse de remparts*, OUDIN 75]. Comment expliquer la terminaison *-ca* (au lieu de *que*) de *mahtuca*, qui en principe indiquerait normalement une dernière radicale *q* ? - v. -HT-. ¶¶. Sur nh. *hittēk*, v. s. NTK.

HTL, 1. CAN. h. **hittēl* "se moquer de", *hªtulīm* "moquerie", ? AR. pal. *hattal* "négliger, ne pas tenir compte de". **-2.** AR. *hatala* "faire tomber des averses (ciel); verser des larmes abondantes; marcher d'un pas lent (chamelles)" ? ETH. te. *hatäl-mätäl* "qui marche lourdement; qui parle d'une voix traînante". **-3.** AR. maraz. *hattal* "rendre sale". ¶. **1. -2.** v. s. -HT-. **-1.** V. SINGER JQR 36/255, BLAU VT 5 (1955) 340. - < TLL ? V. FENSHAM VT 9 (1959) 310. Pour l'ar. : BAUER WB 114. Comp. HTR. **-3.** BORIS 636.

HTM, 1. AR. *hatima* "avoir les dents de devant cassées", *hatama* "frapper qn et lui casser les dents". **-2.** "donner une part considérable de ses biens à qn" **-3.** ETH. te. *hatäm belä* "bruiner, murmurer; parler dans son sommeil", *hatämtämä* "bavarder; être sans valeur"; *hatämtäm gäʾa* "devenir faible, misérable", tna. *hatämtäm bälä* "babiller; s'agiter". ¶. v. s. -HT-. **-1.** v. ŠTM. **-2.** v. HŦM. **-3.** v. HTL, HTN.

HTML, AR. *hatmala* "parler tout bas à l'oreille". ¶. v. s. -HT- ?.

HTMN, AR *hatmana* "parler en cachette; parler beaucoup". ¶. 1ᵉ sens selon IBN DURAYD, 2ᵉ selon QĀMŪS; v. HŦMN, HTML, HTMR, HŦRM.

HTMR, AR. *hatmara* "être bavard". ¶. v. s. -HT-.

HTN, 1. AR. *hatana* "tomber sans cesse (averse); couler sans cesse". ¶. Pour le sar. jib. *hutun* "où ?", v. s. HN. - v. HTL, HTM et s. -HT-.

HTƐ, AR. *hataεa ʾilā* "s'approcher, venir tout près de".

HTP, 1. AR. *hatafa* "s'écrier, appeler qn, louer; roucouler", iraq. *hitof* "acclamer", pal. *hataf* "pousser des cris de joie, acclamer", ég. *hataf* "crier un slogan", *hātif* "voix de l'intuition"; SAR. jib. *htof* "appeler à l'aide; prendre soin de". **-2.** AR. magh. *hataf* "délirer (malade), radoter", *hatūf* "insensé", ETH. te. *hatäf belä* "délirer; se tromper", tna. *hatäfä* "bafouiller, délirer"; **-3.** maraz. *hataf* "donner beaucoup de feuilles". **-4.** soud. *hataf* "tomber continûment (averse)"¶. **1.** v. s. -HT-. Cette val. est à l'origine de *hātif-* nom du "téléphone" en ar. moderne. **-2.** v. aussi HTR, HTRP et les renvois s. HT-. **-4.** QLS 1174 donne ar. *hatana* comme glose pour soud. *hataf*. - v. aussi s. -HT-. ¶¶. **2.** Aussi en berbère : kabyle *mmuhtəf* "être idiot", *smuhtəf* "faire le fou", DKF 294, tamazight *həttəf* "parler à tort et à travers", TAÏFI 225; v. aussi s. /h/, à propos du statut de ce phonème en berbère.

HTR, 1. AR. *hatara* "mettre en pièces", *hātara* "insulter, injurier", *ʾahtara* "perdre la tête (vieillard)", *hatwara*, *hawtara* "délirer", *hitr-* "mensonge, discours frivole, malheur", *hutr-* "perte de la raison, délire", iraq. *stahtar* "attacher peu d'importance", ég. *hātir* "rivaliser de grossièretés", *istahtar* "sous-estimer", hisp. *astahtar* "être corrompu, pécher", magh. *hattar* "être hors de soi, délirer", ETH. te. *hatär* "néant". **-2.** AR. dat. *haytar* "s'enfuir". ¶. **1.** V. DOZY II/747, VOCABULISTA, DIA 476. v. HT', HTK; aussi HTP, HTRP et les renvois s. HT-. **-2.** GL. DAT. 2846.

HTRP, AR. magh. *hatraf* "délirer, parler en dormant". ¶. Croisement de HTR et HTP ? v. les renvois s. -HT-. ¶¶. Aussi en berb. kab. *shətrəf* "délirer", DKF 295.

HTRŚ, AR. soud. *hatraš* "délirer, dire trop de propos vains". ¶. QLS 1174. v. HTR et les renvois s. HT-; comp. HTŚ ?

HTŚ, AR. *hataša* "irriter, exciter", ég. *hataš* "faire le fanfaron"; soud. *hattaš* "rassembler toute sorte de petits objets, de pacotille". ¶. V. QLS 1174; v. s. -HT- ?

HTT, 1. CAN. h. *t^{e}hōt^{e}tū* (inac.) "accabler de reproches", AR. *hatta* "briser, écraser; déchirer; nuire à la réputation de qn", *hattāt-* "bavard", ég. *hatt* "faire peur, intimider". **-2.** AR. *hatta* : articuler un certain son avec contraction de la gorge (chameau); articuler la lettre *hamzah*. **-3.** maraz. *hatt* "lâcher la bride", *nhatt* "se déverser". **-4.** tchad. *hatt* "poussière". **-5.** AR. *hatta* "filer continuellement", ETH. te. *hatatit* "araignée". ¶. **1.** La forme h. est un hapax dans Ps. 62/4. - Comp. HDD et v. les renvois s. -HT-. **-2.** V. LANE 2876. **-3.** BORIS 636. **-4.** LPAT 508 (d'après Lethem). ¶¶. **1.** Berb. tamaz. *hutta* "être éreinté", TAÏFI 225, kab. *əhtutu* "être ébranlé", DKF 294; *həntət* "battre, rouer de coups" (avec *-n-* d'élargissement ?); mais sur le statut de *h*, v. /h/.

HŦHŦ, AR. *haŧhaŧa* "mélanger, brouiller, embrouiller, - laisser tomber; fouler; être injuste", *haŧhāŧ-* "rapide; confus; poussiéreux; menteur".

HŦW/Y, AR. *haŧā* "jeter de la poussière". **¶.** Comp. HŦHŦ, ḤŦW/Y.

HŦM, 1. AR. *haŧama* "broyer, pulvériser; donner une partie considérable de ce qu'on a"; *huŧm-*, *hayŧam-* "monticule de sable". **-2.** *hayŧam-* "petit d'aigle, de vautour, d'outarde". **¶. 1.** v. HŚM, HTHT, HTW, HTM, HTT; comp. les renvois s. -HT- ?

HŦML, AR. *haŧmala* "être très bavard, parler trop", *haŧmalat-* "désordre, confusion". **¶.** IBN DURAYD, pas dans LA; v. HTMR, HŦMN, HŦRM et s. -HT-.

HŦMN, AR.*haŧmana* "être très bavard, parler trop". **¶.** Ainsi dans KAZIMIRSKI II/1388. V. HTMN, HTMR, HŦML et s. -HT-.

HŦRM, AR. *haŧrama* "parler trop", maraz. *thaŧram* "s'ébrécher par l'usure (dent, lame, crête d'un mur, etc.)". **¶.** v. HTMR.

HŦŦ, AR. *haŧŧa* "mélanger; mentir". **¶.** v. HŦHŦ.

PRINTED ON PERMANENT PAPER • IMPRIME SUR PAPIER PERMANENT • GEDRUKT OP DUURZAAM PAPIER - ISO 9706

N.V. PEETERS S.A., WAROTSTRAAT 50, B-3020 HERENT